내 삶에 교양과 품격을 더하는
명강의를 만나보세요.

──────── 님에게

일터를 뒤흔드는 신인류의 등장

일러두기

- 해외 기업명과 업계 용어는 친숙한 단어와 발음으로 우선 표기했습니다. 외래어표기법에 따르지 않은 경우가 다소 등장할 수 있습니다.

일터를 뒤흔드는
신인류의 등장

의미와 보상을 동력 삼아 성장하는
밀레니얼 리더

서가
명강
43

이찬 지음

서울대학교
첨단융합학부 교수

21세기북스

이 책을 읽기 전에 학문의 분류

인문학
人文學, Humanities

철학, 역사학, 종교학, 문학, 고고학, 미학, 언어학

사회과학
社會科學, Social Science

정치학, 사회학, 심리학, 외교학, 지리학, 경영학, 경제학, 법학

자연과학
自然科學, Natural Science

과학, 수학, 의학, 물리학, 지구과학, 화학, 천문학

공학
工學, Engineering

기계공학, 전기공학, 컴퓨터공학, 재료공학, 건축공학, 산업공학

경영학
經營學, Business Administration

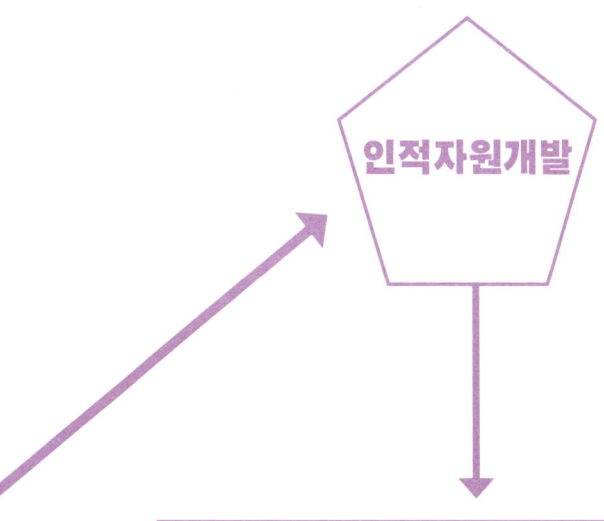

인적자원개발
Human Resource Development, HRD

인적자원개발은 개인, 조직 그리고 사회의 성장을 지원하기 위해 인적자원의 역량을 개발하고 활용하는 학문이자 실천적 활동이다. 개인의 지식, 기술, 태도, 능력을 체계적으로 향상시키는 것을 목표로 하며, 이를 통해 조직의 생산성과 지속 가능성을 높이고, 나아가 사회적 발전에 기여한다. 디지털 전환, 지속 가능성, 다양성과 포용성 같은 현대적 이슈에 대응하기 위해 학습 기술, 성과 관리, 리더십 개발 등이 중요한 주제로 다뤄진다.

이 책을 읽기 전에 주요 키워드

리더포비아 Leaderphobia

리더leader와 공포증phobia의 합성어로, 조직에서 리더의 역할을 꺼리거나 어려워하는 현상을 뜻한다. 디지털로의 변화, 새로운 세대의 등장 등으로 여러 분야에서 책임감이 필요한 리더의 자리를 회피하고 승진까지 거부하는 직장인들의 불안감을 대변한다.

호모 파덴스 Homo Fadens

라틴어로 '만드는 인간' 또는 '창조하는 인간'을 의미하며, 인간의 본질을 창조와 생산 활동을 통해 정의하는 개념이다. 디지털 트랜스포메이션 시대에 호모 파덴스는 기술을 활용해 혁신적인 아이디어를 실현하고, 창조성을 기반으로 사회와 경제에 기여한다.

디지털 역량 Digital Literacy

디지털 기술과 도구를 효과적으로 이해하고 활용하는 능력이다. 디지털 환경에서 기술을 사용하는 것을 넘어 정보를 검색·평가·생성·공유하며 문제를 해결하고 의사소통할 수 있는 역량이다. 디지털 윤리와 안전에 대한 이해를 바탕으로 책임감 있게 기술을 활용하는 능력까지 포함된다.

팔로워십 Followership

조직의 목표를 효과적으로 달성하기 위해 적극적으로 리더를 따르며 업무에 참여하는 구성원의 역량과 태도를 의미한다. 단순히 수동적으로 따르는 것이 아니라, 리더와 상호작용하며 창의적 사고와 적극성을 발휘해 조직에 긍정적인 영향을 미친다. 조직 내에서 리더십과 상호보완적으로 작용한다.

긍정조직학

조직 내에서 작용하는 긍정적인 요소와 강점을 연구해 개인과 조직의 성과를 극대화하는 학문 분야다. 조직 구성원의 행복, 몰입, 창의성, 회복 탄력성 등 긍정적 특성을 강화하고, 협력과 신뢰, 의미 있는 성취를 촉진하는 환경을 조성하는 데 초점을 둔다.

아이 메시지 I-Message

자신의 감정과 생각을 상대방에게 효과적으로 전달하기 위해 사용하는 의사소통 기법이다. 비난이나 지적 없이 '나'를 주어로 해 자신의 감정을 표현함으로써 갈등을 줄이고 상호 이해를 증진한다. 일반적으로 '나는 OO을 느낀다(생각한다) + 이유(상황 설명)'의 구조를 사용하며, 상대에 대한 비판 대신 '나'의 입장을 명확히 전달한다.

70:20:10 모델

개인의 학습과 성장을 효과적으로 지원하기 위한 경험 기반 학습 모델이다. 학습의 70%는 실제 업무 경험을 통해, 20%는 동료나 멘토와의 상호작용에서, 10%는 공식적인 교육이나 강의를 통해 이루어진다고 보는 모델이다. 학습을 실무 경험과 연계해 실질적인 성장을 지원하는 것이 주된 목표다.

S-OJT Structured On-The-Job Training

체계적인 구조를 바탕으로 직무 현장에서 이루어지는 교육 훈련이다. 일반적인 OJT와 달리, 명확한 학습 목표, 표준화된 절차, 평가 기준이 있고 훈련의 일관성을 지키고 효과를 높이는 데 중점을 둔다. 신입 직원이나 기존 직원이 빠르게 직무에 적응하도록 돕고 업무 역량을 체계적으로 향상시킨다.

차례

이 책을 읽기 전에 학문의 분류 … 4
　　　　　　　　주요 키워드 … 6
들어가는 글 퇴화를 멈출 진화의 주역, 밀레니얼 리더 … 11

1부 모든 팔로워는 결국 리더가 된다

일터, 세대 교체의 현장 … 19
나는 어떤 팀원이었고, 지금은 어떤 팀장일까? … 35
칭찬과 긍정은 가장 강력한 복지다 … 47
Q/A 묻고 답하기 … 55

2부 시대를 넘나드는 리더의 불가역적 자질

공무원도, 구글러도 신뢰가 전부다 … 61
리더의 비기, 코칭을 활용하라 … 77
리더의 MBTI, SCAF를 아세요? … 89
Q/A 묻고 답하기 … 94

3부 좋은 리더가 포기하지 않는 것

잘못 쓰면 잘 못할 수밖에: 인재 관리	101
팀원의 일머리를 높이는 법 : 70-20-10 법칙	110
가장 좋은 배움터, 현장: S-OJT	118
그들은 일터에서 공정을 원한다: 성과 평가	125
Q/A 묻고 답하기	143

4부 밀레니얼 리더들이 놓인 격동의 일터

앞으로 함께 일할 동료, AI입니다	149
혁신 많은 일터에, 신인류의 등장이라?	157
채용은 가장 강력한 브랜딩이다	177
Q/A 묻고 답하기	188

나가는 글 사람을 남기는 리더가 모두의 미래 전략이 되기를	191
참고문헌	193

"리더십은 타고나는 재능이 아니라 관계 속에서 길러지는 감각이다."

들어가는 글

퇴화를 멈출 진화의 주역, 밀레니얼 리더

수많은 사람 앞에서 홀로 이야기하는 일이 때로는 외롭지만 그만큼 뿌듯하고 감사한 순간도 많다. 매뉴얼을 익히는 것 자체가 하루하루의 목표인 새싹 주니어부터 구성원의 고충과 기업의 성과를 동시에 짊어지는 임원까지 직접 만나고 수시로 번갈아 가며 소통할 때마다 나는 시대가 얼마나 빠르게 변하고 있는지 실감한다. 현장에서 쏟아지는 생생한 이야기와 기발한 아이디어는 언제나 내 시야를 넓히고 여전히 우리 사회가 '사람으로 움직인다'는 사실을 일깨워준다.

최근 강연장에서 자주 듣는 고충이 있다. 바로 '리더포비아', 의도적 언보싱 Conscious Unbossing 현상이다. 리더의 자리에 오르기를 의식적으로 미루거나 아예 피하는 태도를 뜻하는 말로 조직문화라는 개념이 생긴 이래 계속 발생해 왔던 문제지만, 특정 조직을 넘어 세대 전반에 걸친 현상으로 확산됐다는 점에서 지금까지와는 결이 다르다. 그들의 거부는 겸양의 태도도, 부적격의 문제도 아니다. 직책에 따른 큰 보상과 권한을 아무리 어필해도 그들은 적극적으로 리더되기를 포기한다.

성과보다 관계가, 권한보다 공감이 중요한 시대에 리더의 자리는 더 이상 특권이 아니라 고립의 자리로 인식된다. 특정 시대와 상황을 막론하고 사회 전반에 걸쳐 모두가 리더라는 역할을 전면 거부한다는 것, 리더포비아는 '신뢰가 무너진 사회'가 보내는 신호일 수 있다.

리더를 포기하거나 거부한 이들은 조직 밖으로 이탈 중이다. 아마 현재 기업들은 회사를 알고, 해당 분야에 밝고, 사람들을 끌어당길 수 있는 핵심 인재를 계속 외부로 빼앗기고 있을 것이다. 이는 '줄퇴사' 현상으로도 연결된다. 기업은 이에 어떻게 대응하고 있을까? AI가 리더의 자리를 대신할 수 있을까? AI가 팀원을 독려하고 임원진을 수반하며 프로젝트를 성공시킬 수 있을까? AI는 데이터를 학습할 수는 있지만, 마음을 학습할 수는 없다.

저성장 사회는 직장인에게 많은 무력감을 선사했다. 그들은 아무리 열심히 일해도 기성세대의 성취에는 도달하지 못하고, 기업은 여전히 '성과는 나누되 책임은 묻는' 기존의 조직문화에서 벗어나지 못한다. 연공서열, 보고 중심의 조직 운영, 경영 및 학습 민첩성 부족, 세대 차이로 인한 소통 단절 등 버젓이 드러난 문제를 개선하자는 말에도 늘 방치로 일관할 뿐이다.

좋은 리더가 없는 이유를 묻기 전에 좋은 리더를 만들기 위해 회사 차원에서 어떤 노력을 기울였는지 자문해 보라. 믿고 따를 롤모델이 없다고 한탄하기 전에, 내가 리더라면 나 같은 팀원을 어떻게 이끌었을지 생각해 보자. AI로는 업무의 효율성까지만 확보할 수 있다. 사람을 모으고, 관계를 조율하고, 서로의 성장을 돕는 일은 오직 사람이 할 수 있는 일이다.

이 책은 혁신의 시대를 맞이해 최신 기술을 적용하고도, AI로는 할 수 없는 '인사'의 벽에 무참히 패배한 회사 속 인간들을 위해 쓰인 글이다. 또한 업계 최고의 연봉과 복지로도 떠나가는 리더들을 붙잡지 못하는 임원에게 필요한 회초리 같은 가르침이기도 하다. 그저 만년 과장으로 남고 싶은데 어딜 가나 예비 팀장 후보군에 올라 난감하기 그지없는, 리더이길 요구받는 밀레니얼의 현주소를 낱낱이 적어 놓은 보고서이기도 하다.

당연한 소리라고 여겨질 수 있겠지만 당연한 문제를 고치지 않는 고압적이고 고질적인 태도가 지금의 '리더포비아 현상'을 만들었다. "직장에 빌런이 없다면 내가 빌런"이라는 우스갯소리가 있다. 리더에게 이는 절대 웃을 이야기가 아니다. 다소 불편한 내용이 있다면 본인의 직장 생활 모습과 닮지 않았는지 열심히 투영해 보며 읽어야 비로소 나아갈 길이 보일 것이다. 직장에서 솔직하게 털어놓을 수 없는 고민, 잔소리로 들릴까 참았던 피드백, 지푸라기라도 잡는 심정으로 더듬었던 소소한 해결책을 얻길 바란다.

리더십은 타고나는 재능이 아니라 관계 속에서 길러지는 감각이다. 이 책은 그런 감각을 다시 일깨우고 싶은 밀레니얼 리더, 즉 새로운 일의 문법을 써 내려갈 신인류를 향한 작은 시도다. AI와 자동화가 사람의 역할을 대체해가는 시대에, 진짜 리더십이란 무엇이며 '신인류'는 어떻게 일터를 재구성하고 있는지 확인해 보길 바란다.

그들이 만들 변화를 두려워하지 말자. 그 변화 속에서 우리는 리더십의 본질을 다시 발견하게 될 것이다. 앞으로 이어질 이야기는 그 발견의 시작이다. 조직 안에서 길 잃고 배회하는 직장인들에게, 이 책이 일터를 새롭게 읽는 안내서가 되길 희망한다.

2025년 11월

이찬

모든
팔로워는

결국
리더가

된다

새로운 세대의 유입, 디지털로의 변화, AI와의 경쟁 등 우리의 일터는 빠른 속도로 변화하고 있다. 아날로그의 시대에 입사해 어느덧 리더의 자리에 오른 디지털 시대의 리더는 어떻게 리더십을 발휘해야 할까? 시대와 세대에 뒤처지지 않는 새로운 리더십을 발견해 보자.

일터, 세대 교체의 현장

"MZ라서 그렇다고요?"

열심히 일한 덕분에, 숙련도에 따라서, 연차가 쌓여서 자연스럽게 리더의 자리에 앉는 3040세대가 늘어나고 있다. 그러나 현대사회는 리더에게 전보다 훨씬 많은 역량을 요구한다. 요즘은 조직에서 리더를 맡았다는 소식을 전하면, 무조건 축하하기보다는 위로와 격려를 함께 전한다. 시대가 어떻게 달라졌기에 리더에게 요구하는 역량과 리더라는 말이 지닌 의미까지 달라졌을까?

첫 번째 변화는 세대 교체다. 한 조직 안에서도 세대가 달라졌다. 흔히 경험이나 환경적 특성을 공유하는 세대를 하나의 세대로 구분하는데, 이는 같은 시기에 특정 사건을 함께 겪은 사람들은 심리적·사회적·문화적 동질성을 가지기 때문이다. 지금 조직 안에는 여섯 세대가 공존한다. 1646년부터 1964년에 출생한 베이비부머 세대는 급격한 인구 증가를 겪은 세대이며 근면 성실하다는 특징이 있다. 1965년에서 1980년에 출생한 X세대는 자신만의 개성을 추구하는 첫 세대로 IMF 외환 위기 이후 양극화를 겪었고 아날로그에서 디지털로의 변화를 경험한 세대다. 1981년에서 1988년에 출생한 전기 밀레니얼 세대는 자녀의 성장, 회사에서의 진급 등 생애주기의 변화를 겪고 있으며 온라인 시대의 개막을 경험했다. 스펙 경쟁이 본격화된 세대이기도 하다.

1989년에서 1995년에 출생한 후기 밀레니얼 세대는 SNS를 자연스럽게 경험했고 개인주의가 심화된 세대다. 1996년에서 2009년에 출생한 Z세대는 디지털 학습도가 높아 디지털 네이티브라고 부를 정도이며 자기 주장이 뚜렷한 세대다. 2010년 이후 출생한 알파 세대는 오로지 디지털만을 경험한 세대로 세상에서 자신이 가장 중요하다는 적극적인 유일성을 내세운다. 전기 밀레니얼 세대부터 Z세대까지를 MZ세대라고 부르기도 한다.

보통 조직을 보면, 베이비부머 세대와 X세대가 임원이나 리더의 자리에 있고 MZ세대가 업무를 실행하는 팀장이나 팀원의 자리에 있는 경우가 많다. 하지만 MZ세대도 나이 차이가 커서 이들의 특성을 자세히 알기 위해서는 MZ세대로 통칭하기보다는 전기 밀레니얼, 후기 밀레니얼, Z세대로 세분화하는 것이 더 명확하다. 교육의 방법이 달랐고, 디지털 기술을 접해온 과정도 달랐으며, 부모의 세대도 다르기 때문이다.

세대 차이란 각기 다른 경험이 축적되면서 생긴 관점의 차이일 뿐, 잘잘못이 있는 게 아니기 때문에 여러 세대가 공존하기 위해서는 각 세대의 특징을 서로 이해해야 한다. 요즘 화두인 MZ세대의 특징은 여러 매체에서 비판적으로, 또는 긍정적으로 분석하고 있다.

MZ세대는 '3요'를 가지고 있다. 첫 번째는 "이걸요?"로 지시받은 업무의 정확한 내용과 목적에 대한 설명을 요구한다. 두 번째는 "제가요?"로 많은 구성원 중 해당 업무를 수행해야 하는 사람이 왜 자신이어야 하는지 설명을 요구한다. 세 번째는 "왜요?"로 해당 업무를 해야 하는 이유와 필요성, 기대 효과 등에 대한 설명을 회사에 요구한다. 즉,

MZ세대는 스스로 납득할 만한 업무여야만 그 지시를 받아들이는 경향이 있으며, 일방적인 소통이 아닌 쌍방의 소통을 요구한다.

베이비부머 세대는 디지털과 아날로그를 함께 접한 세대라 정보 기술에 대한 기본적인 이해도가 있지만 책이나 TV 같은 일방적인 대중매체에 더 익숙하다. 하지만 MZ세대는 성장하면서 자연스럽게 디지털을 접한 디지털 네이티브로 SNS나 라방 같은 쌍방향적 대중매체에 열광한다. 또한 베이비부머 세대는 잦은 개인정보 유출로 보안이나 개인정보에 둔감한 편이지만, MZ세대는 개인정보 제공에 예민하고 가상의 세계에서 자유로운 페르소나를 추구한다.

베이비부머 세대는 말하기보다 듣기가 편하고 내 주장을 내세우기보다 사회의 반응을 살핀 후 안전하게 반응하는 편이다. 이에 비해 MZ세대는 익명 기반의 솔직한 소통에 익숙하기에 돌려 말하기보다는 직접적으로 말하는 것이 더 편하다. 이렇듯 베이비부머 세대와 MZ세대 사이에는 수많은 간극이 있다.

팀장 시점

팀장: (오늘도 일등 출근이다. 회사의 얼굴이 되는 콘텐츠 기획을 위한 중요한 회의다. 본부장님도 신경을 많이 쓰고 있다. 그런데 이 중요한 회의에서 핸드폰이나 만지작거리고 있다니. 아이고 골이야.) "A씨, 뭐 중요한 연락이라도 있나 봐?"

A: "네?"

팀장: "회의 내내 핸드폰만 붙들고 있길래 말이야." (지금 당장 핸드폰 넣고 회의에 집중하란 얘기다.)

A: "아, 아닙니다. 회의 내용 기록하고요. 필요한 정보 좀 찾고 있었습니다."

팀장: (핸드폰으로 기록한다고?) "그 앞에 노트랑 펜 있는데 굳이 핸드폰으로 기록해야 하나? 보기 안 좋아요."

A: "팀장님, 저는 핸드폰으로 기록하는 게 더 빨라서요."

팀장: (요즘 세대는 왜 이렇게 말대꾸를 할까. 상황 파악이 안 되나. 개념이 없는 건가.) "그건 둘째 치고 보기에 안 좋다고. 본부장님 앞에서도 그렇게 할 겁니까?"

직원 A 시점

A: (회의 시간, 나의 능력이 빛을 발할 때다. 팀원들의 발언 하나하

나를 빠르고 정확하게 간결하고 명료하게! 회의 내용은 나의 손끝에서 다시 태어난다. 필요한 정보와 아이디어도 바로 찾아서 적용한다. 이것이 회의실의 마에스트로. 팀장님의 시선이 느껴진다. 혹시 나의 신들린 손가락에 감탄이라도 하는 걸까?)

팀장: "A씨, 뭐 중요한 연락이라도 있나 봐?"

A: "네?" (뭐지?)

팀장: "회의 내내 핸드폰만 붙들고 있길래 말이야."

A: (설마 지금 내가 일하고 있다는 걸 모르는 거야?) "아, 아닙니다. 회의 내용 기록하고요. 필요한 정보 좀 찾고 있었습니다."

팀장: "그 앞에 노트랑 펜 있는데 굳이 핸드폰으로 기록해야 하나? 보기 안 좋아요."

A: (와, 꼰대다.) "팀장님 저는 핸드폰으로 기록하는 게 더 빨라서요."

팀장: "그건 둘째 치고 보기에 안 좋다고. 본부장님 앞에서도 그렇게 할 겁니까?"

A: "죄송합니다. 말씀대로 하겠습니다." (아, 완벽한 문서인데. 제발 효율적으로 일하고 싶다.)

아마 익히 보던 풍경일 것이다. 왜 이런 상황이 자주 발생할까? 문제의 근원을 알기 위해서는 다양한 매체에서 시대의 새로운 주류로 자리매김한 MZ세대의 특성을 자세히 들여다볼 필요가 있다. MZ세대는 자신의 취향을 적극 소비하고 창조하고 즐긴다고 한다. 그만큼 자기애가 강하고 자기만족을 중시한다. 업무에 있어서는 업무와 사생활을 뚜렷하게 구분해, 물질적 보상보다는 업무를 마치고 개인 시간을 확보하는 것을 더 중요하게 생각한다. MZ세대는 자신과 맞지 않는 일터를 과감하게 거부하며 심지어 노동시장을 이탈하는 중이다.

통계청에서 발표한 2024년 8월 고용 동향을 보면, 15~29세 청년 중 '쉬었음' 인구는 지난해 대비 13.8퍼센트 늘어난 46만 명에 달했다. '쉬었음' 인구의 증가는 눈높이에 맞는 일자리를 찾지 못해 구직을 단념하고 노동시장을 이탈하는 추세가 강화되고 있음을 보여준다.

MZ세대는 가치관도 다른 세대와는 다르다. MZ세대는 과거나 미래보다 오늘을 더 중요하게 생각한다. 흔히 MZ세대는 사회성이 부족하다고 하는데, 사회성이 부족하다기보다는 적응력과 참을성이 부족한 것이다. 대다수의 관리자가 이런 MZ세대의 특성을 이해하지 못하고 이로 인해 조직 내 세대 갈등이 증가하고 있다.

MZ세대는 직장 생활에 대한 관점도 다른 세대와 다르다. MZ세대는 기존의 사회적 규범과 기대를 뛰어넘는 새로운 가치관을 보여준다. 이들은 자신을 조직이나 회사의 일부로 정의하지 않는다. 오히려 개인의 성장과 잠재력에 중점을 둔다. '세상의 중심은 나'라는 인식 아래, 기업에 대한 맹목적인 충성 대신 자기개발과 개인적 성장에 시간과 비용을 투자한다.

경제적 자유에 대한 접근 방식도 다르다. 과거의 FIRE(조기 은퇴) 또는 YOLO(현재를 즐기기) 대신, 보다 균형 잡힌 삶의 방식을 추구한다. 전통적인 '워라밸Work-Life Balance'을 넘어 '워러밸Work-Learning Balance'이라는 새로운 개념을 만들어내기도 했다. 이는 지속적인 학습과 성장에 중점을 둔 삶의 방식을 말한다.

유동적이고 변화에 민감해서 MZ세대를 디지털 유목민, 플로팅 세대라고도 부른다. MZ세대는 자신에게 가장 적합한 선택을 끊임없이 탐색하며, 고정된 경로나 일관적인 커리어에 안주하지 않는다. 디지털 네이티브이기에 기술에 능숙하지만, 동시에 온라인 세계에 피로감을 느껴 오프라인의 가치 또한 중요하게 여긴다. 이들의 특징은 기존 질서에 대한 단순한 반항이 아니라, 빠르게 변화하는 현대 사회에서 개인의 성장과 행복을 최우선으로 하는 현명하고 적응력 있는 접근 방식이다.

퇴사 사유: 적응 실패(라 쓰고 세대 차이라 읽는다)

부하 직원이 한 명뿐이어도 리더십을 발휘해야 하고, 상사가 한 명만 있어도 팔로워십을 가져야 한다. 모든 관계는 상대적이기에 조직에서 리더십이 제일 중요하다고 말하기는 어렵다. 리더의 자리에 오른 이들은 팔로워십을 지닌 채 부단히 노력해 그 자리에 올랐다. 우리가 꿈꾸는 성과를 만들어내거나 원하는 조직문화를 구축하려면 모두가 리더십과 팔로워십을 발휘해야 한다.

대한상공회의소에서 발표한 직장 내 세대 갈등과 기업문화 종합진단보고서에 따르면, 직장 내 세대 차이를 얼마나 느끼냐고 질문했을 때 기성세대는 일반적인 세대 차이라 생각한다며 덤덤하게 반응했고, MZ세대는 세대 갈등이라 생각한다며 답답하다고 답했다. 즉, 세대 차이를 느끼는 체감도는 연령대가 올라갈수록 늘어나지만 세대 갈등은 중간 관리자가 더 많이 느끼고 있었다.

2024년 한국고용정보원의 보고서에 따르면, 새롭게 취업해 고용보험에 가입한 임금 근로자의 1년 이상 고용 유지율은 2021년 기준 40.1퍼센트였다. 새로 취업한 근로자 열 명 중 여섯 명은 1년 내에 회사를 그만뒀다는 의미다. 취업포털 잡코리아에서 2023년에 실시한 조사에 따르면, 50인 미만 소기업 신입 직원의 1년 이내 퇴사율은 17.1퍼센트였다. 다섯 명 중 한 명은 1년 안에 퇴사하는 셈이다. 이 중 56.4퍼센트는 입사 후 3개월 이내에 퇴사했다.

▎**신입 사원이 조기 퇴사하는 이유?** (단위:%)

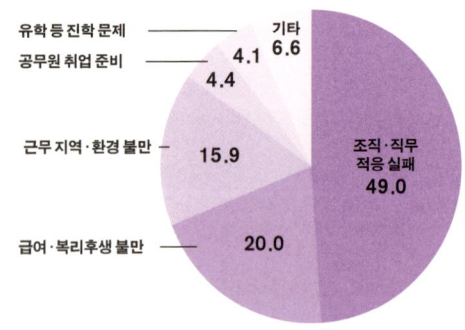

전국 306개 기업 대상 설문조사, 자료: 한국경영자총협회

신입 직원의 퇴사 이유를 살펴보면 절반이 직무 적응 실패라고 한다. 하지만 이 결과를 리더들에게 전달하면 모든 리더가 깜짝 놀라면서 "그 친구가 직무 적응에 실패해서 퇴사했다고요? 진짜요? 그런데 저희 부서에서는 아직 그 친구한테 특별한 직무를 주지 않았는데요?"라고 말한다. 이제 막 입사한 직원에게 어마어마하고 중차대한 일을 줄 수는 없다. 보통 1년에서 2년 정도는 직무 경험의 기회를 제공하는 기간이다. 그럼에도 불구하고 직무 적응에 실패했다는 이유로 퇴사하는 신입 직원들이 늘고 있다.

한국경영자총협회에서 전국 306개 기업을 대상으로 설문조사를 실행한 결과도 비슷한 내용을 담고 있다. 신입 사원이 조기에 퇴사하는 이유는 조직과 직무 적응에 실패해서가 49.0퍼센트였고, 급여나 복리후생이 불만이어서가 20.0퍼센트, 근무 지역, 환경이 마음에 들지 않아서가 15.9퍼센트였다. 결국 시대에 맞는 변화를 요구하는 젊은 사원들과 조직문화는 지켜야 한다는 상사들 간의 관점의 차이를 줄여야 신입 사원의 퇴사율을 줄일 수 있지 않을까.

리더의 자리에 있는 세대가 MZ세대의 이야기를 듣다 보면 사고방식이나 태도가 잘 이해되지 않는다. 왜 저런 생각을 하지? 왜 저렇게 일하지? 왜 저런 방향으로 선택하지? 이런저런 의문이 들지만 미움받을까 봐, 꼰대라는 이름표가 붙을까 봐, 세대 갈등으로 퇴사할까 봐 하고 싶은 말이 있어도 참는다. 직장 내 다수의 리더가 젊은 직원과 소통하면서 세대 차이를 느낀다. 리더의 자리에 있으면 마음대로 말하고 행동할 것 같지만, 오히려 조직 내 이해 충돌의 최전선에서 결정을 내리기 때문에 실제로 갈등을 가장 많이 겪는다고 한다.

예를 들어, 출근 시간에 대해서도 리더와 MZ세대는 생각이 다르다. 리더들은 출근 시간이 9시면 20~30분 전에 와서 자리를 정리하고 업무를 준비해야 한다고 생각하지

┃세대별 출근하는 이유

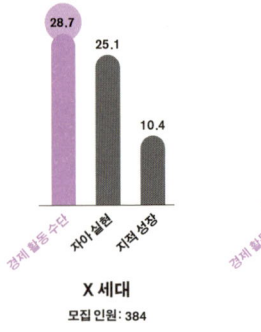

X 세대
모집 인원: 384

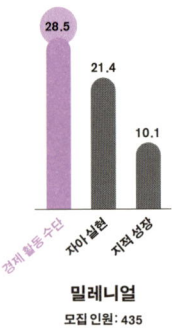

밀레니얼
모집 인원: 435

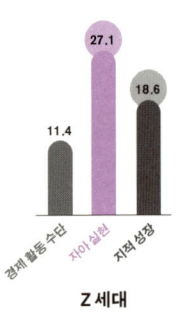

Z 세대
모집 인원: 70

자료: 대학내일20대연구소

만 MZ세대들은 9시까지 도착만 하면 된다고 생각한다. 더구나 일찍 와서 일하는 건 개인에겐 손해라고까지 여기기도 한다.

이런 생각의 차이는 리더와 MZ세대의 출근 목적이 다르기에 발생한다. X세대를 포함한 이전 세대에게 직장은 생활에 필요한 돈을 버는 경제 활동 수단이다. 돈을 벌어야 생활비를 쓰고 차를 사고 집을 살 수 있기 때문이다. 이는 전기 밀레니얼 세대와 후기 밀레니얼 세대도 비슷하다. 하지만 Z세대는 다르다. Z세대는 능력을 발휘하며 성취감과 보람을 느끼는 자아실현을 위해 출근한다. 또한 새로운 지식을 얻고 발전하고 성장하는 지적 성장을 원한다. 그렇기에 아무리 어렵게 취직해도 회사 생활이 자신의 목표에 부합하지 않는다면 퇴사를 결정할 수 있다.

좋은 리더는 좋은 피드백을 준다

Z세대에게 퇴사 이유를 듣고 나면 "네가 그 일을 맡은 이유가 있지", "네 연봉이 그 정도인 이유가 있지", "네가 그때 진급을 못 한 이유가 있지 않겠니?"라고 솔직하게 말하고 싶은 기성세대가 있을지도 모르겠다. 하지만 이제 Z세

대는 조직에서는 신입 사원으로, 시장에서는 트렌드를 이끄는 소비자가 되어 우리와 공존하고 있다. 결국 Z세대가 회사를 지탱하는 단단한 기둥이 되어야 한다는 말이다. 언제든 조직을 떠날 수 있는 Z세대의 이직을 막는 방법은 결국 그들이 원하는 방향으로 성장을 도와주는 것이다.

〈월간 인재경영〉에 따르면, 밀레니얼 세대가 일터에서 원하는 것은 그저 자신을 이해해 주는 존중, 납득할 수 있는 일의 의미, 일도 놀이처럼 할 수 있는 재미, 즉각적이고 미래지향적인 피드백, 역량에 대한 인정, 숨김없는 투명성, 조직감을 느낄 수 있는 연결이다. 그럼 이들이 원하는 리더십은 무엇일까?

젊은 직장인들과 인터뷰할 때면, 다수가 좋은 피드백이라고 인정하는 예가 있다. 개인의 사적인 영역, 즉 배경이나 단점, 인격 자체에 대한 피드백을 절대 하지 않는 것이다. 물론 업무에서 마주한 현상, 발생한 사건, 벌어진 행위, 저지른 실수에 관해서는 여과 없이 피드백을 준다. 문제의 원인이 무엇인지, 어떻게 개선하면 좋은지 고민해 보라는 질문을 던져준다. 이런 피드백은 들을 때는 단점과 실수, 부족한 점 등이 낱낱이 파헤쳐지는 기분이라 당황스러울 수 있지만, 최소한의 선을 지켜주고, 성장을 기반으로 한 발언이라는 것을 느낄 수 있기에 마음의 응어리나 상처가 남지 않는다. 피드백 전후로 충분한 소통과 애정이 기반되어 있으면 동료로서 인정받고 있다는 믿음이 생기고, 피드백의 가치도 올라간다.

이제 막 리더가 된 밀레니얼과 앞으로 리더가 될 Z세대를 육성할 좋은 피드백을 마련하는 일은 기성세대에게 무척 부담스러운 짐일 수 있다. 하지만 이들은 자아실현을 위해 직장에 다니고 있기에, 본인이 학습하고 성장할 수 있는 부분을 밀어주는 것이 중요하다. 이슈를 제기하고 아이디어를 제안하는 부분을 직원에게 맡겨주고 리더는 문제 해결에 대한 조언이나 솔루션을 제공해 주자.

직원들은 참신한 디지털 기술을 활용해 문제 발굴에 도전할 수 있는 강점이 있고, 전통적인 접근 방식을 효율적으로 개선하는 혁신적인 아이디어를 낼 수도 있다. 또한 기존의 사고방식에 얽매이지 않고 새로운 시각으로 문제를 바라보며 독특한 방향을 제안하는 창의적 사고를 기대할 수 있다.

반면 리더는 과거의 사례와 학습을 바탕으로 복잡한 문

제에 효과적인 해결책을 도출했던 경험과 전문성이 있으며, 경험에서 우러나오는 통찰력을 활용해 명확하지 않은 추세나 패턴을 직관적으로 판단할 수 있다. 또한 문제 해결 과정에서 발생할 수 있는 위험을 미리 예상하고 관리할 수 있다.

이러한 세대의 특성을 잘 활용해 리더는 직원에게 즉각적으로 피드백을 제공하면서 어떻게 변화하는지 관찰하고, 직원이 개선된 모습을 보여주면 그 발전을 칭찬해 주길 바란다. 투명하고 공개적이며 구체적인 피드백 또한 중요하다.

나는 어떤 팀원이었고, 지금은 어떤 팀장일까?

익숙함에 속아 본뜻을 잃어버린 '리더십'

리더십을 한마디로 정의한다면 뭘까? 리더leader란 다른 구성원에게 영향력과 통제력을 행사하는 사람이며, 리더십leadership이란 집단이나 조직이 목표를 달성할 수 있도록 다른 구성원에게 영향력과 통제력을 행사하는 능력이다. 이때 유의할 점은, 리더가 꼭 관리자는 아니라는 것이다. 일반적으로 조직에는 합법적 권한을 부여받은 관리자 역할의 공식 리더가 있고, 합법적 권한은 없지만 개인적 기술과 자질을 통해 조직 내에서 영향력을 가지는 비공식 리더가 있다.

리더의 유형은 보통 두 가지로 나뉜다. 성과를 가장 중요하게 생각해 자신이 핵심적인 일을 진행하고 팀원들에게는 부수적인 일만 지시하는 유형, 리더는 실무를 하는 사람이 아니라는 판단하에 관리에 중점을 두고 업무를 지시하는 유형이다. 하지만 리더는 자기 성과를 올리는 동시에 팀 성과와 팀원도 관리해야 하는 조직 내 중추다. 완전히 다른 영역의 여러 가지 역할을 동시에 모두 해내야만 한다.

좋은 리더는 팀원들의 결속력을 높이며, 업무에 솔선수범을 보여주고, 팀원들이 오늘 먹을 물고기를 잡아온다. 하지만 훌륭한 리더는 팀원들의 능력을 북돋고, 팀원들에게 신뢰를 얻으며, 팀원들이 평생 먹을 물고기를 잡는 방법을 알려준다.

맡은 역할을 잘 수행하는 괜찮은 리더에서 조직을 끌어올리는 훌륭한 리더가 되기 위한 다섯 가지 방법을 소개한다. 첫 번째, 직함을 내려두고 팀원들과 대화하는 시간을 갖는다. 두 번째, 팀원들의 아이디어와 니즈를 공감하며 듣는다. 세 번째, 팀원들이 한 일을 진심으로 인정하고 칭찬한다. 네 번째, 팀원들의 발전과 미래, 경력을 존중하며 그들을 섬긴다. 다섯 번째, 팀원들의 장점을 발견하고 발휘할 수 있는 기회를 준다.

집단의 특성과 구성원의 성향 등에 따라 바람직한 리더의 모습은 제각각 다르다. 하지만 조사 결과, 흥미로운 점을 발견할 수 있었다. 바로 리더들이 절대 가지지 말아야 하는 세 가지 능력이 있다는 사실이다. 이 능력을 뽐낸 리더들에 대한 구성원들의 평가는 강한 부정으로 가득했고, 몇몇은 아주 심각한 실패를 맞이하기도 했다.

리더가 절대 가지지 말아야 할 첫 번째 능력은 상대의 마음을 다 알고 있다는 자만이다. 어떤 리더는 스스로 통찰력과 직감이 남들보다 뛰어나다고 말한다. 누군가와 몇 마디만 나누면 그 사람 말 뒤의 진실을 모두 알 수 있다고 자신한다. 하지만 그런 리더는 대화 뒤의 진실을 찾기 위해 정신을 집중하느라, 정작 중요한 내용은 무시하고 사소한 외면에 집중한다. 그 사람의 억양이나 말 습관, 사소한 맥락이나 단어 사용 같은 것 말이다. 이런 대화 태도는 구성원의 사기를 꺾을뿐더러 중요한 대화가 진전되는 것을 방해한다. 통찰력으로 으스대지 말고, 자세히 보지 못해 놓쳤던 요소들을 스스로 점검해 보자. 리더는 통찰력보다 관찰력을 중요하게 여겨야 하는 사람이다.

리더가 절대 가지지 말아야 할 두 번째 능력은 필터링이다. 물론 많은 말이 오고 가는 와중에 중요한 정보를 골라내는 능력은 중요하다. 하지만 어떤 리더는 요약과 필터링이 똑같은 능력이라고 착각한다. 요약과 필터링을 혼동하는 사람은 자신의 입맛에 맞는 정보 외에 다른 정보는 아예 신경 쓰지도 않으며, 정작 중요하다고 생각한 정보도 잘못 지레짐작하고 큰 문제를 일으킨다. 이는 자신이 요약한 정보가 맞는지 계속 확인해야 하는데, 능력을 과신한 나머지 이런 과정에도 소홀했기 때문에 발생하는 일이다.

리더가 절대 가지지 말아야 할 세 번째 능력은 사람 보는 안목이다. 의외로 많은 리더가 사람을 잘 파악한다고 자신한다. 그리고 기대에 못 미치는 직원들에게는 미래가 없다고 멋대로 단정짓는다. 인사 문제는 절대 간단하지 않다. 일류 기업에서는 좋은 인재를 골라내기 위해 여전히 많은 실험을 하고 있으며, 사람의 잠재력은 한두 시간의 면접이나 자료만으로 판단할 수 없는 복잡한 요소다.

많은 매체에서 리더의 덕목으로 다양한 가치를 제시한다. 하지만 그런 가치를 받아들이기 전에 자신에게 있을지 모르는 세 가지 능력을 제거하지 않는다면 조직은 내리막길을 걸을 뿐이다.

건강한 팔로워십이 단단한 리더십을 만든다

리더십의 중요성을 거듭 강조하고 있지만, 사실 리더십은 팔로워십이 없으면 존재할 수 없다. 가장 선두에 서 있는 오너가 아닌 이상 누구나 리더십과 팔로워십을 함께 키워 나가야 한다. 여기서 팔로워란 조직 차원에서 말하면 리더를 따르는 사람, 상사와 업무적으로나 위계적으로 연결된 부하 직원을 뜻한다. 그렇기에 팔로워십이란 리더와 함께 일하며 자기주도적으로 일을 수행하는 태도와 능력을 말한다.

리더와 팔로워의 관계는 지배나 복종의 관계가 아니다. 조직이 직면한 상황을 함께 해결하고 나아갈 수 있도록 서로 영향력을 발휘하는 중요한 관계다. 팔로워십 연구의 개척자 아이라 샬레프는 리더와 비전을 공유하고, 리더와 조직이 성공하기를 바라며 조직에 적극적으로 참여하는 과정을 팔로워십이라고 정의했다. 팔로워십은 리더십만큼 중요하며 리더와 팔로워는 비전을 공유하고 발맞춰 일해야 한다. 리더가 방향을 잃으면 팔로워도 길을 잃는다. 그러나 팔로워가 신뢰를 잃으면 리더도 설 수 없다.

인터넷 커뮤니티에서 러시아 모스크바에서 촬영한 오

리 가족의 영상이 많은 관심을 받았다. 앞서가는 엄마 오리 뒤로 새끼 오리 여덟 마리가 길을 따라 걸어가는 모습이었는데, 그중 마지막에 따라오던 새끼 오리 한 마리가 갑자기 사라진다. 하수구 밑으로 빠져버린 것이다. 엄마 오리는 새끼 오리를 찾아 길을 되돌아갔고 남은 일곱 마리 역시 엄마 오리의 뒤를 따라 돌아갔다. 그리고 이번에는 남은 일곱 마리의 새끼 오리들이 하수구에 빠져버렸다. 엄마 오리는 한순간에 모든 새끼를 다 잃어버리고는 어쩔 줄 몰라 그 주위를 맴돌았다. 다행히 새끼 오리를 모두 구했다는 소식이 전해지며 사람들도 함께 안도했다.

리더와 팔로워 역시 같은 맥락이다. 비전이 제대로 공유되지 않는다면 다 같이 하수구로 빠지는 결과가 나올 수 있다. 리더십과 팔로워십이 잘 맞물리면, 조직은 마치 컴포터블 자동차처럼 움직인다. 눈이 올 때는 뚜껑을 덮는 리더십이 발현되고, 날씨가 좋을 때는 오픈카로 변신하는 팔로워십이 나타나면서 상황의 변화에 따른 빠른 전환이 이루어진다. 이러한 조직력은 앞으로 훨씬 더 중요해질 것이다.

2018년, 태국 유소년 축구단 선수들이 동굴에 조난된 일이 있었다. 이들을 구조하기 위한 작전이 무려 17일이나 지속되었다. 동굴이 길고 깊어 접근하기에 무척 위험한 상황이었기 때문이다. 미국 NASA, 미해군 특수부대, 국제 엔지니어 등 최고의 팀이 투입되었고, 의사결정을 가진 리더들이 주니어 엔지니어의 아이디어를 적극적으로 수용해 현장에 대응했다. 주니어의 실력과 이를 믿은 리더의 결단 덕분에 다행히 열세 명 전원을 구할 수 있었다.

팔로워십은 직위에 상관없이 누구나 갖춰야 할 능력이다. 이 자질이 갖춰져야만 리더십과 팔로워십의 교환을 적합하게 활용할 수 있다. 업무에서 독립적으로 사고하는 팔로워와 동료와 원활하게 교류하는 팔로워, 또 적극적으로 참여하는 팔로워와 수동적으로 지시를 이행하는 팔로워 등 구성원의 자질을 구분해 내는 능력도 본인의 팔로워십이 기준이 된다.

팔로워에는 크게 다섯 가지 유형이 있다. 첫 번째로 회사의 지시에 따르면서도 본인만의 독립적인 판단과 주관을 지니며 일하는, 리더십을 이미 함양한 건강한 팔로워가 있다. 상사가 지시한 방향과 방식대로 일하지만, 자주적인 모습보다는 수동적인 태도를 보이는 '예스맨'들이 두 번째 유형이다. 세 번째로는 똑똑하고 실무도 잘하는 능력 좋은 인재이지만, 새로운 사업이나 변화에 다소 부정적이고 비판적인 저항적 팔로워들이 있다. 네 번째로는 시키는 업무만 수행하며 아슬아슬하게 사고만 피해서 일하는 소극적 팔로워들이 있다. 그리고 이 모든 영역에서 오로지 중간의 값을 지키는, 기회주의와 실리주의가 주된 목표인 실용주의적 팔로워가 마지막 유형이다. 이 다섯 가지 유형 중 내가 속한 팔로워 유형은 어떤 것일지, 간단하게 진단해보자.

보스로 군림하지 않고 리더로 발맞춰야 한다

종종 혼동해서 쓰는 경우가 있지만, 보스와 리더는 엄연히 다르다. 보스Boss는 실권을 쥔 최고 책임자이며, 리더는 조직이나 단체에서 영향력을 발휘하는 사람이다. 보스는 모든 일에 장악력과 결정권을 가지며 그만큼 책임을 져야 하는 사람이지만, 리더는 구성원을 이끌어주며 함께 행동하는 사람이다.

역대 최연소로 한국 P&G 대표 자리에 오른 이지영 대표는 보스와 리더의 차이를 분명히 말한다.

"보스는 직위를 가지고, 리더는 사람을 가진다Boss has title,

leader has people. 나는 그동안 너무 보스만 되려고 했던 건 아닌가? 좋은 리더가 된다는 건 내가 원하는 대로 일을 잘되게 만드는 거, 그게 다였다고 생각했어요. 리더의 자리에서 느끼는 것은 나 혼자 할 수 있는 게 아무것도 없다는 것입니다. 내 머릿속에 아무리 훌륭한 계획이 있고 아무리 훌륭한 전략이 있어도 그것을 이루는 건 사람이거든요."

좋은 리더십은 무엇일까? 정답은 없다. 좋고 나쁜 게 아니라 상황에 적합하거나 부적합한 리더십이 있을 뿐이다. 하지만 이상적인 리더십은 있다. 예를 들면 타인을 공감하고 배려하는 섬김 리더십이다. 하지만 섬김 리더십은 리더뿐만 아니라 팀원들도 이상적이어야 한다. 팀원들이 현실적이고 리더만 이상적이라면 그 팀이 잘 움직일 수 있을까? 당연히 아니다. 그래서 팀원들의 의지와 능력에 따라 팀의 발달 단계를 4단계로 나눈다.

1단계는 구성원에게 의지와 능력이 없는 무의식/무능력 단계다. 팀원들은 리더가 항상 신경 써주길 바라고, 하나하나 알려주길 바라며 리더는 빈번하게 팀원들의 업무를 확인해야 한다. 이 단계에서는 성과를 내려고 하면 안 된다. 사고를 방지하는 것만으로 벅차 성과를 낼 수준이 아

리더-팔로워 교환 접근법

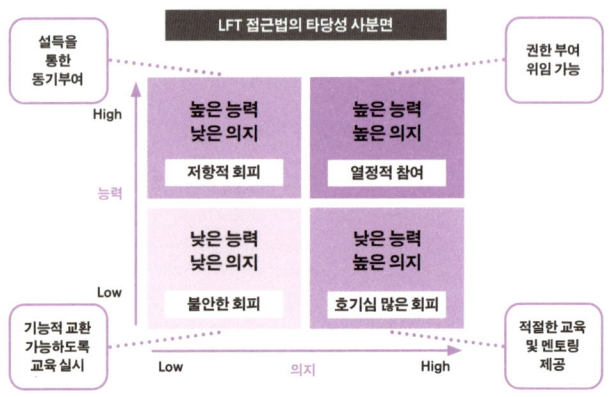

출처 : Malakyan, P. G. (2014). Followership in leadership studies Joumal or Leadership Studies, 74)

니다.

2단계는 의지는 있지만 능력이 없는 유의식/무능력 단계다. 팀원들은 구체적으로 방향을 알려주길 원하고 리더는 세세하게 알려주며 시범을 보여야 한다. 이 단계는 무척 마음 아픈 단계다. 롤 모델을 보여주면 팀원들이 따라오지만 리더의 역할이 너무 크기 때문이다.

3단계는 의지도 있고 능력도 있는 유의식/유능력 단계다. 팀원들은 방법을 알기에 일을 맡겨주길 바라고, 리더는 팀원들의 상황을 파악하고 방향만 알려주면 된다. 팀원에게 리더의 권한 위임까지 가능한 단계다.

4단계는 의식 없이 능력이 있는 단계로, 모든 리더가 꿈꾸는 무의식/유능력 단계다. 팀원들은 새로운 업무를 맡고 싶어 하고 굳은 결의 없이도 알아서 업무를 잘 진행한다. 리더는 새로운 업무만 부여하면 된다. 섬김 리더십은 4단계에서 발휘할 수 있다. 좋은 리더는 단계에 따라 알맞은 리더십을 발휘하면 된다.

또한 리더십은 구성원의 경력이나 상황에 따라서도 달라져야 한다. 신입 사원에게는 티칭을, 심리적 문제나 고민을 지닌 팀원에게는 카운슬링을, 지식과 경험이 필요한 직원에게는 컨설팅을, 업무 경력이 충분한 팀원에게는 멘토링을, 성장하고 싶은 의지가 높은 직원에게는 코칭을 해줘야 한다. 리더십은 상황에 따라, 팀의 발달 단계에 따라, 팀원들의 수준에 따라 변화무쌍하게 바뀌어야 원하는 성과를 창출해 낼 수 있다.

리더는 우리 팀이 어느 단계에 있는지 정확하게 인식하고 팀원들의 수준을 파악해 능동적으로 조직 내에서 자리 잡기 위해서 다기능 팀을 구성해야 한다. 여러 업무를 병행할 수 있는 다양한 기능과 전문성을 가진 팀, 서로 다른 능력자들이 협력해 다방면의 복잡한 문제를 해결할 수 있는 팀이 경쟁 환경에서 성공하기 위해 꼭 필요하다. 2022년 글로벌 리서치 기관 가트너Gatner의 조사에 따르면, 일반 회사의 53퍼센트가 다기능 팀을 활용해 비용 최적화 기회를 결정했고 디지털 성숙도 기업의 83퍼센트가 다기능 팀을 촉진하고 있다고 한다. 물론 다기능 팀에서 리더십을 발휘하기 위해서는 더 많은 기술과 능력이 필요하다.

칭찬과 긍정은
가장 강력한 복지다

'긍정적인 조직'은 무엇이 다를까

일과 노동이 부정적으로 인식되고 있는 상황을 극복하기 위해 미국 미시간대학교에서는 21세기 초반부터 새로운 학문을 시도했다. 이름하여 긍정조직학Positive Organizational Scholarship이다. 조직과 구성원의 긍정적인 업무 과정 및 속성과 결과에 관한 연구로 조직 내 긍정적인 요소만을 집중해 연구한 학문이다. 예를 들어, 직무 만족도가 높거나 이직률이 낮은 회사나 부서의 특징을 알아보고 이를 다른 영역이나 부서로 확장한다. 그리고 그 과정에서 구성원이 탁월한 성과를 내고 최고의 역량을 발현할 수 있도록 지원한다. 즉, 긍정조직학은 행복을 성과로 전환하는 시스템이다.

우리나라 조직문화에도 긍정조직학을 적용할 수 있을까? 일단 우리의 우선 과제는 강압적이고 권위주의적인 태도를 지양하는 것이다. 리더는 강압적인 태도 대신 소통하는 태도를, 권위주의적인 태도 대신 공감하는 태도를 보여야 긍정적인 조직 변화를 이끌 수 있다.

미국의 심리학자 마틴 셀리그먼 교수는 긍정적 에너지가 넘치는 조직을 만들기 위해서는 구성원들이 기쁨, 사랑 같은 긍정적인 정서를 충분히 느껴야 한다고 말했다. 어떻게 해야 조직에서 긍정적인 정서를 나누고 느낄 수 있을까? 긍정 에너지로 가득 찬 조직을 만들기 위한 첫 번째 방법은 감사 문화를 정착시키는 것이고, 두 번째 방법은 긍정적인 말을 사용하는 것이며, 세 번째 방법은 서로를 칭찬하고 인정하는 것이다.

긍정심리학자들은 긍정적 정서 체험에 감사만큼 좋은 것이 없다고 말한다. 미국 캘리포니아대학교 로버트 에몬스 교수는 감사의 효과를 알아보기 위해 실험을 진행했다. 280명의 참가자에게 감사와 관련된 서류나 기사를 스크랩하고 하루 동안 감사했던 일을 쓰도록 했다. 석 달이 지난 후 이들의 삶에는 어떤 변화가 나타났을까? 놀랍게도 참가자의 89퍼센트는 실험 전보다 삶을 훨씬 더 행복하고 감사하게 받아들였고, 덕분에 스트레스도 감소하고 일부는 건강 상태도 크게 호전됐다. 이처럼 감사 문화나 감사 일기는 정신적으로도 신체적으로도 효과를 보여준다. 조직 내에서 서로에게 감사를 표현하고 그 마음을 공유하면 자연스럽게 긍정적인 분위기가 형성될 것이다.

또한 긍정적이고 행복한 사람들은 공통점이 있다. 자신의 욕구를 잘 알고 욕구를 충족시킬 방법을 찾아낸다는 점이다. "지금은 힘들어도 이 일에도 긍정적인 의미가 있을 거야"라며 자신의 상황에 우울해하지 않고 긍정적인 측면이나 의미를 찾으면서 감정을 처리한다. "지금은 힘들어도 이것만 끝나면"이라면서 사건의 심각성을 덜어내고 관점을 전환하기도 한다. 이렇게 긍정적인 방향으로 분위기를 이끌어가는 팀원이 조직 내에 있다면 어떤 상황이라도 부정적인 분위기로 흐르지는 않을 것이다.

그리고 칭찬은 몰입도를 높여주고, 효율성을 올려주며, 생산성까지 높여준다. 서로의 강점을 발견하고 강화해 주는 것이 취약점을 드러내고 지적하는 것보다 더 큰 이익을 가져오기 때문이다. 실제로 자신이 잘하는 일을 인정받고 강점을 발휘할 수 있는 조직은 그렇지 않은 조직에 비해 1.5배나 더 높은 생산성을 보인다.

잡코리아에서 직장인 599명을 대상으로 조사한 결과에 따르면, 응답자의 50퍼센트가 상사 혹은 동료와의 관계로 우울하다고 대답했다. 서로를 비방하거나 경계하면서 극심한 스트레스를 받고 있다면, 집단 내 부정적인 분위기가 만연하다면 자연히 업무 몰입도나 효율성이 떨어질 수밖에 없다. 따라서 칭찬을 통해 서로의 장점을 찾고 인정하는 연습이 필요하다. 긍정심리학에서는 서로의 강점을 발견하고 강화해 주는 일이 취약점을 찾아서 고치는 일보다 더 큰 이익을 가져온다고 설명한다.

이를 적극 활용해 서로를 인정하는 문화를 정착시킨 좋은 사례가 바로 인천항만공사다. 인천항만공사에서는 칭찬 릴레이를 진행해 우수 직원을 선발함으로써 부서 간 벽을 허물고, 서로를 칭찬하는 조직문화를 조성해 업무를 더욱 원활하게 진행할 수 있었다. 칭찬 릴레이를 통해 동료의 작은 선행이나 장점을 공개적으로 칭찬하면서 서로의 단점보다는 장점에 집중하게 되었고, 이로써 조직 구성원들이 서로 존중하는 문화를 만들 수 있었다.

긍정적인 조직문화를 만드는 일은 회사만을 위한 일이 아니며, 조직원만을 위한 일도 아니다. 리더 본인을 위해서도 중요한 일이다. 문제는 사소한 데서 시작하며, 작은 의사결정을 할 때도 조직문화가 영향을 미치기 때문이다.

조직을 바꾸는 힘 있는 소통

보통 소통에는 두 가지 유형이 있다. 내용적인 소통과 맥락적인 소통이다. 내용적인 소통은 글자 그대로의 소통이고 맥락적인 소통은 "여유롭게 천천히 해"라고 말해도 내일 아침까지 하라는 함의를 알아채는 소통이다. 인간관계에서 오류가 생기는 이유는 거의 소통 때문이다. 맥락적인 소통을 해야 하는데 내용적인 소통만 하는 것이다. 직원이 지시의 함의를 이해하지 못하면 일을 열심히 해서 가져가도 "이렇게 해야 한다고 해서 진짜 이렇게 해오면 어떡해?"라는 소리를 들을 뿐이다. '해오라는 대로 해왔잖아'라고 불만을 가질 수 있지만, 소통의 문제를 해결하지 못하면 오류는 반복된다. 결국 불통이 누적되면 폐쇄적인 조직문화가 고착된다.

월트 디즈니 아시아 태평양 인적 개발 HR 부문 부사장

라라 티암은 전 세계 고객에게 이야기를 전하는 게 디즈니가 가장 잘하는 일이라며, 이야기를 전달하는 건 사람이고 디즈니도 사람을 잃지 않기 위해 노력해야 한다고 말했다. 그리고 이를 위해 다양한 제도를 마련했다.

디즈니 직원은 원격 근무가 가능해 평일 내내 사무실에 출근할 필요가 없다. 근무시간을 지키는 한, 출근 시간도 재량껏 정한다. 매년 30일의 '케어 타임'도 제공한다. 고령의 부모나 자녀, 반려동물 등 직원이 누군가를 돌봐야 할 때 케어 타임 휴가를 사용할 수 있다. 근무시간의 30~60퍼센트를 할애해 다른 직무를 경험해 볼 수 있는 순환 프로그램, 다른 지역에서 일하며 2년간 리더십을 기를 수 있는 FAST(Future APAC Storytellers) 프로그램 등도 운영 중이다.

디즈니가 다양한 제도를 마련한 이유는 간단하다. 회사가 직원을 제대로 지원하지 않으면 직원이 다른 곳에 열정을 펼치기 때문이다. 디즈니와 직원 간 관계는 사무실을 나간다고 끝나지 않기에 직원들이 매일 최상의 상태로 출근할 수 있도록 지원한다. 디즈니의 HR 철학은 결국 직원들에게 꿈꿀 시간을 확보해 주는 데 있다. 직원들에게는 다양한 경험이 필요하고, 디즈니는 직원들에게 마법의 경험을 제공함으로써 그들이 받은 마법의 경험을 고객들에게 돌려줄 수 있도록 했다.

디즈니가 구성원들에게 주고자 한 마법의 경험은 직원 경험과 일맥상통한다. 디즈니에서는 직원에게 자율성을 부여해 일에 의미를 찾고 조직과 긍정적으로 상호작용하고 있다는 경험을 가지게 했다. 이는 조직과 구성원이 서로 성장하는 관계를 구축하는 과정이기도 하다. 조직 내에서 나타나는 일련의 사건을 어떻게 인지하고 평가하고 해석하는지에 따라 직원의 몰입이나 근속에 영향을 주기 때문에 많은 기업에서 직원 경험을 어떻게 설계하고 실행할지 고민한다.

글로벌 리서치 기관 가트너에 따르면, 긍정적 직원 경험을 한 직원은 그렇지 않은 직원보다 고성과자가 될 가능성이 69퍼센트 더 높고, 회사에 계속 근무할 가능성도 60퍼센트나 더 높다고 했다.

디즈니의 직원 경험은 긍정적인 조직문화를 어떻게 이끌어가야 하는지 보여주는 좋은 예다. 직원에게 자율성을 부여해 일에서 의미를 찾고, 일을 수행하는 과정에서 잘한 것을 인정해 주고 적절한 피드백을 주며 성장하고 있다고 칭찬해 준다. 이 과정을 통해 디즈니와 직원은 서로 성장하며 긍정적인 관계를 구축할 수 있었다.

경영학 전문지 〈하버드 비즈니스 리뷰〉에 따르면, 행복한 직원들은 다른 직원들에 비해 평균적으로 31퍼센트 높은 생산성을 보이며 판매 실적 또한 37퍼센트 높았고, 창의성도 세 배나 높았다고 한다. 결국 긍정적인 조직문화는 모두를 위한 혜택이자 복지로, 회사에 장기적인 이익을 준다. 한국 기업에서도 이러한 결과를 유념해, 직원의 감정을 비효율적인 존재로 치부하지 말고 이를 긍정의 측면으로 전환해 직원을 위한 복지이자 회사의 시스템으로 자리 잡도록 활용해야 한다.

Q 묻고

A 답하기

믿고 따를 수 있는 리더가 없어 리더십을 배우지 못했다고 답하는 주니어가 많다. 경험, 분야에 상관없이 어떻게 해야 리더십을 키울 수 있을까?

좋은 리더가 없어 좋은 리더십을 배우지 못했다는 말을 잘 곱씹어보면, 본인도 팔로워로서 팔로워십을 제대로 발휘해 본 경험이 없다는 결론이 나온다. 이처럼 '닭이 먼저냐, 달걀이 먼저냐'의 함정에 빠지는 경우는 크게 두 가지로 나뉜다. 진짜로 가르침을 얻을 리더가 없는 조직에 몸담고 있거나 전천후 능력자 리더가 상사라서 감히 벤치마킹할 엄두를 못 내는 경우다. 전자라면 본인이 주관하는 업무에 주인의식을 갖고, 권한위임을 만끽하며 주도적으로 업무를 진행할 것을 권장한다. 후자라면 리더의 화려한 성과 뒤에는 좌충우돌 시행착오가 있었다는 걸 염두에 두길 바란다. 거친 과거의 경험을 최대한 경청하면서 자신의 모습에 대입해 보자. 실패의 경험까지 닮고자 노력하는 것이 도리어 성공의 지름길이 될 수 있다. 유사한 경험을 쌓다 보면 리더가 이상적인 롤 모델로 보이기 시작할 것이다.

서로 다른 세대별 특징이 가장 뚜렷하게 드러나는 곳이 일터, 즉 직장이다. 어느 나라나 기업이든 비슷한 환경과 상황에 놓여 있지만, 한국의 조직에서 특히 많이 드러나는 현상과 그에 대한 전문가적인 조언이 있다면 무엇인지 궁금하다.

연공서열이 가장 유서 깊게, 강력하게 남아 있는 나라가 바로 한국이다. 전 세계 유명 기업에서 팀을 이끄는 리더에게 요구하는 자질은 유연성이다. 나보다 해당 프로젝트를 더 잘 해낼 수 있는 사람이 있다면 그 사람이 그 프로젝트의 리더가 된다. 꼭 팀장이 리더여야 할까? 팀원도 팀원 중 가장 뛰어난 전문성을 가진 순간에는 본인이 리더가 될 수 있어야 한다. 한국 조직문화에는 이런 유연함이 부족하다. 이러한 상황에 열려 있는 마음과 태도를 함양하는 것이 문제 해결에 우선으로 필요한 일일 테다.

2부

시대를
넘나드는

리더의
불가역적
자질

아무리 세상이 변하고 세대가 달라져도 밀레니얼 리더도, 기성세대 리더도 꼭 알아야 할 일과 리더십의 본질은 변하지 않는다. 아주 최소한의 기본으로 다시 돌아가보자.

공무원도, 구글러도 신뢰가 전부다

공무원을 그만두는 이유, '소통의 부재?'

안정적인 직업이라는 이유로 큰 인기를 누리던 공직사회에도 변화가 일어나고 있다. 이런 변화에는 개인의 사생활을 가장 중요시하는 소위 MZ세대의 특징이 한몫하는 듯하다. 최근 4년 동안 공직사회를 떠난 3만여 명의 MZ세대는 퇴사의 주된 원인을 경직된 조직문화로 꼽았다. 실제로 한 지자체에서 소속 공무원들을 대상으로 직장 내 갑질에 대한 인식 조사를 했는데, 똑같은 행위에 대해서 2030세대는 갑질이다, 팀장급들은 문제가 없다고 답하는 정반대의 결과가 나왔다.

인식 조사에서는 2030세대 공무원 40명과 4050세대 팀장급 공무원 20명에게 "아야, 얼른 자료 달라고. 밥 먹을 시간이 어딨냐?", "내가 뭘 말하는지 못 알아먹겠어?", "옷이 좀 거시기하고 부담스럽네.", "이거밖에 안 되냐? 좀 배워야 쓰겠네"와 같이 구체적인 사례를 주고 이 말의 내용이 갑질이라고 생각하는지 질문했다. 2030세대 대부분 갑질이라고 봤지만, 4050세대는 복장 지적 빼고는 갑질로 인식하지 않았다. 2030세대 공무원은 60퍼센트 이상이 직간접적으로 갑질을 경험했다고 답했지만, 50대는 38퍼센트만 경험했다고 답했다. 간부 공무원의 갑질 경험은 하위직에 비해 절반에 그쳤다.

전국 곳곳에서 2030세대 공무원의 퇴사가 늘어나는 것도 이런 분위기와 무관하지 않다는 지적이 나온다. 공무원들이 가장 많이 꼽은 직장 내 갑질의 발생 원인은 경직된 조직문화, 갑질 경험으로 인한 가장 큰 변화는 근무 의욕 감퇴였다.

10여 년 전만 해도 공무원을 평생직장이라고 이야기했지만, 지금은 공무원이라는 직업에 대한 사회적 의미가 많이 달라졌다. 최근 어딜 가나 MZ세대의 조용한 퇴사, 줄퇴사가 화두다. 연도별 공무원 퇴직자 수 추이를 보면

2030세대 공무원 퇴직자가 2018년에는 5,761명이었지만, 2022년에는 11,067명에 달한다. 왜 평생직장이라 부르는 공무원이 되고도 퇴사를 마음먹는 것일까?

이직을 고민한 적이 있는 2030세대 공무원들에게 그 이유를 물어보았을 때, 조직문화에 대한 회의감 때문이라고 대답한 이들이 31.7퍼센트였고, 일하는 방식에 대한 회의감 때문이라고 대답한 이들이 31.0퍼센트였다. 그들의 회의감을 해결할 첫 단추는 조직문화와 업무 방식에 관한 충분한 소통뿐이다. 소통, 즉 커뮤니케이션은 흔히 대화나 언어적인 것만을 생각하기 쉽지만 비언어적 커뮤니케이션 또한 중요하다. 이는 커뮤니케이션이 이뤄지는 맥락에 주의를 기울이지 않으면 알아채기 어렵다.

EBS 〈상사가 달라졌어요〉 귀 막은 대표와 입 닫은 직원 편을 보면 소통이 전혀 되지 않는 회의실의 모습이 적나라하게 드러난다. 비난에 가까운 피드백으로 인해 회의실은 순식간에 냉랭한 분위기로 바뀌고 직원들은 긴장한 표정이 역력하다. 결국 화를 참지 못하고 회의 도중에 자리를 박차고 나가는 직원을 보며 팀장은 한숨을 쉰다.

"저한테 대놓고 반대는 안 해요. 잘 따라오는 척하죠. 하지만 제가 한 얘기를 팀원들한테 지시해 줘야 하잖아요. 그런데 담당자한테 하지 말아라, 의미 없다, 취소해라, 이런 얘기를 왜 합니까? 그러면 회의를 왜 해요? 사람 바보 만드는 거잖아요. 내가 피에로입니까?"

"직원들이 얘기를 거의 안 해요. 왜냐하면 의견을 내도 안 들어주니까. 하고 싶은 얘기가 있어도 어차피 안 들어줄 건데 뭐 할 필요가 있나 모르겠어요."

"직장 생활 초년생 대하듯 하나하나 설명해야 하나? 도대체 내가 하는 소리를 알아듣기는 하나? 굉장히 모멸감을 느끼죠."

커뮤니케이션은 사람들 사이에서 공통적인 의미를 얻기 위해 메시지를 교환하는 대인 커뮤니케이션과 과업 목표와 역할 수행을 위해 규칙에 따라 지배받는 조직 구성원들의 조직 커뮤니케이션으로 나뉜다. 대인 커뮤니케이션과 조직 커뮤니케이션이 조직에서 가장 중요하며 업무를 처리하기 위한 소통의 바탕이 된다.

조직 커뮤니케이션이 중요한 이유

조직원에게 커뮤니케이션이란 개인의 인상 형성의 바탕이

고, 존중감의 표현 수단이며, 맥락에 따른 적절한 표현 방식을 통해 상대방과 긍정적 관계를 형성하게 해주는 도구다. 조직에는 문제 해결에 필요한 정보를 제공하고, 고객에게는 조직이 판매하고자 하는 상품을 설명해 주고 만족을 이끌어내는 기본 수단이며, 해당 조직에 대한 이미지를 결정하는 바탕이다. 이렇듯 커뮤니케이션은 개인과 조직에 큰 역할을 한다. 커뮤니케이션은 긍정적인 조직 생활을 만들어주기도 하고 조직의 업무 성과 향상에도 영향을 미친다.

반드시 알아둘 것은, 커뮤니케이션은 상대적이라는 점이다. 조직 내에도 리더와 구성원 간의 수직적 커뮤니케이션이 있고, 동일 직급이나 타 부서 간의 수평적 커뮤니케이션이 있다. 똑같은 내용을 전달할 때도 상대별로, 직급별로, 상황별로 단어와 표현을 적절히 바꿔가며 소통해야 한다.

커뮤니케이션 수준과 조직 만족도는 성과도와 비례한다. 커뮤니케이션 수준과 구성원의 만족도가 높으면 조직의 성과도 좋고, 둘 다 낮으면 조직의 성과는 낮아진다. 둘 중 하나만 높은 경우에는 어떤 조직이 성과가 높을까? 조직 만족도만 높은 조직보다는 커뮤니케이션 수준만 높은 조직이 오히려 성과가 좋다. 이런 관계를 보면 리더가 비즈니스 매너는 지켜야 하지만 '마음씨 좋은 착한 선배가 되어야지', '착한 리더가 되어야지' 같은 부담은 좀 더 떨쳐내도 좋을 것이다. 회사가 기대하는 역할과 책임을 명확하게 전달하는 것이 리더의 역할이다. '좋은 게 좋은 거지' 하며 팀원들에게만 좋은 리더가 되고자 하는 것은 성과에도 회사에도 좋은 영향을 미치지 않는다.

인테리어 플랫폼 '오늘의집'을 만든 이승재 대표의 인터뷰를 본 적이 있다. 창립 초기에는 특별히 조직문화를 규정할 생각은 아니었으나, 본격적으로 직원이 늘고 회사 규모를 확장하는 시점에 다다르며 '오늘의집'이 추구하는 조직문화를 구축해야 할 필요성을 느껴 명문화 작업을 시작했다. 그는 임팩트 지향, **빠른 실행과 빠른 학습**, 탁월함 추구, 충돌과 헌신, 열린 소통으로 기업문화를 정의했다. 연차나 직급에 상관없이 자유롭게 의견을 내고, 어떤 조직보다도 더 빠르게 실행하고, 그 과정을 통해 배우면서 더 좋은 성과를 내는 것에 집중하기 위해 이러한 핵심 가치를 만들었다고 답했다.

이승재 대표는 불확실성이 큰 스타트업에서 의견 충돌이 생겼을 때는 좋은 의견이 이기는 것이 중요하다고 자주 언급했던 회의를 참고해 '임팩트 지향'이라는 핵심 가치를 떠올렸다. 좀 더 좋은 토론을 하기 위해 중요하게 생각해야 하는 것은 임팩트라고 정한 것이다. 그것을 지금 왜 해야 하는지, 이 기능을 개발했을 때 얼마나 많은 사람이 영향을 받고, 어떤 가치를 느낄 것인지, 결과적으로 어떤 수치가 개선될 수 있는지 생각해 보는 방식이 그것이다. 그 과정을 통해 목표, 기대 효과 데이터에 대해 의견을 나누다 보면 자연스럽게 무엇이 좋은 의견인지 발견되는 경우가 더 많아졌다고 했다.

'아이 메시지' 소통법

소통을 더욱 쉽게 만들어주는 아이 메시지I-Message를 조직에서 활용해 보자. 아이 메시지는 '나'를 주어로 상대방의 행동에 대한 생각이나 감정을 표현하는 대화 방식이다. 예를 들어, "자네들 왜 또 늦었나"는 유 메시지You-Message다. "내일까지 마감인데 계속 업무가 늦어지고 있어서 걱정돼"라고 하면 걱정의 주체는 자신이다. 수용할 수 없는 상대방의 행동에 대해 비평 없이 설명하고, 행동이 미치는 구체적 영향을 드러내고, 행동에 대한 내 감정이나 느낌을 표현하는 것이 아이 메시지다. 걱정의 주체가 내가 되면 상대방에게 주는 수용성이 달라진다.

유 메시지는 상대에게 문제가 있다고 표현하는 방식이다 보니 서로 기분이 상할 수 있지만 아이 메시지는 내 입장과 감정을 드러내다 보니 상대의 이해도를 높여줄 수 있다. 유 메시지는 일방적으로 강요하거나 공격하거나 비난하는 느낌이지만 아이 메시지는 개방적이고 솔직하다는 느낌을 준다. 유 메시지를 받은 상대는 변명하거나 반감을 가질 수도 있지만 아이 메시지를 받은 상대는 감정을 이해하면서 자신의 문제를 해결하고자 한다.

유 메시지에서 아이 메시지로 바꾸는 방법은 그다지 어렵지 않다. 자신의 감정을 그대로 받아들이고 표현하는 방식을 연습하면 된다. 아이 메시지를 사용할 때는 먼저 있는 그대로의 사실을 이야기한다. 그리고 주관적 판단이나 개인적 감정이 담기지 않도록 주의한다. 다음으로 그 사실에 관해 느끼는 솔직한 감정을 표현한다. 이어서 대화를 통해 이끌어내고자 한 건설적인 의도를 이야기한다. 이를 종합하면 다음과 같은 아이 메시지가 가능하다.

"김 대리가 이번 달에 지각을 여섯 번 했네요. 인사팀에서 근태와 관련해 지적을 받을까 봐 걱정이 됩니다. 김 대리의 인사고과에 부정적인 영향이 생기지 않게 주의했으면 좋겠어요."

아이 메시지를 활용하면 상대의 방어 심리를 비껴갈 수 있다. 사람은 자신이 잘못했다 하더라도 비난을 받거나 추궁을 당하면 감정적으로 반응한다. 상대를 성급히 판단해 버리면 "당신이 문제다"라는 의도가 전해질 수 있기에 듣는 사람은 자존심이 상하고, 불쾌감을 느끼기 쉽다. 반면 아이 메시지는 상대를 판단하지 않고 있는 그대로의 사실을 전달하기에 편안하게 설득할 수 있다. 아이 메시지는 사실 자체에 대한 느낌이나 감정을 전달할 뿐이니 상대는 시비를 가릴 필요가 없다. '근태로 인해 지적받을까 봐 걱정된다'라는 감정 자체를 상대가 인정할 수밖에 없다. 아이 메시지로 말하면 상대의 긍정적 변화를 기대할 수 있다. 대화의 목적이 상대의 잘못을 지적하는 것이 아니라, 건설적인 의도가 포함되어 있기에 갈등을 해결할 가능성이 커질 뿐만 아니라 상대와 긍정적인 관계를 만들어갈 수 있다.

물론 주의해야 할 점이 있다. 첫 번째로 아이 메시지를 전한 이후에는 적극적으로 상대의 대답에 경청해야 한다. 상대방에게 좋지 않은 감정이 생겼다는 것을 표출했으므로 상대방의 감정을 존중하는 적극적인 경청의 자세를 가져야 한다. 두 번째로 부정적인 감정만 강조하지 않아야 한다. 감정보다는 행동과 그에 따른 영향에 역점을 두어 말하는 방식을 사용한다. 세 번째, 본원적 마음의 표현을 중시한다. '화가 치밀었다' 같은 표면적 감정이 아니라, 무슨 일이 생겼는지 궁금했다는 보다 본원적인 마음을 강조한다. 네 번째, 습관적 실수에는 사용하지 않는다. 상대방의 습관적 행동이 문제가 된다면 아이 메시지보다는 적극적으로 대화하고 구체적인 문제 해결 방법을 함께 모색해야 한다. 이 네 가지에 주의한다면 아이 메시지는 훌륭한 소통의 도구이자, 조직 내 긍정적인 분위기를 만들어주는 기술이 될 것이다.

사람과 사람의 소통에서 내용은 7퍼센트밖에 차지하지 않는다고 한다. 몸짓, 태도, 표정이 55퍼센트 정도를 차지하고 목소리가 38퍼센트를 차지한다. 몸짓, 태도, 표정 안에서는 아이 콘택트가 35퍼센트를 차지한다. "참 잘한다.

잘해"와 "정말 잘한다. 잘해"는 완전히 다를 수 있다. 그래서 문자, 카톡, 이메일에서는 소통의 오해가 일어나기가 쉽다. 명확하게 소통하기 위해서는 카톡보다는 이메일로, 단문보다는 장문으로, 이메일보다는 전화로 해야 말의 톤까지 전달된다. 가장 중요한 일은 대면으로 진행해야 한다. 표정과 제스처까지 확인할 수 있어 상대방의 의도를 충분히 숙지할 수 있기 때문이다. 아무리 ERP 시스템이 잘 만들어져 있고 전자결재가 쉬워도 정말 중요한 일이라면 대면으로 진행하자. 제스처나 몸짓, 태도, 표정이 신호를 주기 때문에 신뢰성의 유무까지도 판별이 가능하다.

낯선 사람을 만나거나 분위기가 어색하면 하지 않아도 될 말을 자꾸 하는 사람들도 있지만 언어적 커뮤니케이션은 기본적으로 선택할 수 있고 통제할 수도 있다. 그리고 말의 의도를 제대로 반영한다. 하지만 비언어적 커뮤니케이션은 자동적이고 대체로 통제할 수 없으며 심리적이고 정서적인 상태를 반영한다. 몸짓, 자세, 표정, 공간, 환경, 시간 그리고 침묵 또한 하나의 소통 방법이다. 누군가가 침묵을 지킨다는 것 그 자체로 엄청난 메시지를 준다. 불과 10초만 침묵이 흘러도, 10초 안에 우리는 수많은 상상을 한다.

신뢰를 기반으로 소통하라

언어적 커뮤니케이션과 비언어적 커뮤니케이션 모두 전제 조건은 신뢰감이다. 상대방의 말에 어느 정도의 전문성이 담겨 있는가, 조직 구성원을 얼마나 호의적으로 대하는가, 언어적으로 얼마나 유창한가, 조직 구성원이 이해할 수 있도록 도와주는가, 조직 구성원에게 어떻게 반응하는가, 조직 구성원이 다가가기 쉬운가 등 전문성, 친밀도, 배려심 모두 신뢰감에 영향을 미친다. 그리고 상대방에 대한 신뢰에 따라 커뮤니케이션의 난이도 자체가 달라진다.

동영상 스트리밍 서비스 회사인 넷플릭스는 신뢰의 네 가지 요소가 탄탄하게 자리 잡은 대표적인 기업 중 하나다. 이들은 서로를 능력 있는 동료라고 믿는다. 넷플릭스 관리자는 팀원들의 역량을 지속적으로 관리하며, 역량이 부족한 직원에게는 퇴사 유도도 주저하지 않을 정도다. 덕분에 넷플릭스의 모든 팀은 A급 인재들로 채워져 있다. 직원들은 동료에게 도움을 주는 팀원이 되기 위한 노력을 게을리하지 않는다. 넷플릭스 직원들은 서로 간의 신뢰가 두터운데, 이를 잘 보여주는 예가 세부적인 규정이 없는 비용 사용이다. 넷플릭스 직원들은 각자의 판단하에 업무에 필요한 회삿돈을 사용한다. 그럼 흥청망청 쓰지 않을까 걱정하지만, 넷플릭스 직원은 회삿돈을 꼭 필요한 업무에 사용한다. 이 비용 지원 제도를 유지하기 위해 직원들 각자가 양심적으로 행동하기 때문이다.

이뿐만이 아니다. 넷플릭스에서는 직원들이 적극적으로 소통하며 서로의 발전을 돕는다. 이를 보여주는 것이 수시로 진행되는 동료 평가다. 넷플릭스 직원들은 동료 평가에 모두 실명으로 참여해 동료가 무엇을 잘하고 있으며 어떤 점이 부족한지 등을 꼼꼼하게 피드백한다. 피드백을 받은 직원들은 그 동료가 나에게 관심을 가지고 지켜보고 있다는 것을 알 수 있다.

또한 넷플릭스 직원들은 업무에 대한 약속을 지킨다는 서로 간의 믿음이 있다. 휴가를 가더라도 다른 동료의 업무에 차질이 생기지 않도록 이메일을 체크하는 등의 업무를 수행하는 것을 당연하게 생각한다. 이렇게 신뢰로 똘똘 뭉쳐 일한 결과는 어땠을까? 넷플릭스는 2025년 2분기 매출액 110억 8,000만 달러, 영업이익 37억 7,500만 달러를 달성했다.

넷플릭스는 신뢰의 ABCD 모델을 완성한 기업이다. 서

신뢰의 ABCD 모델

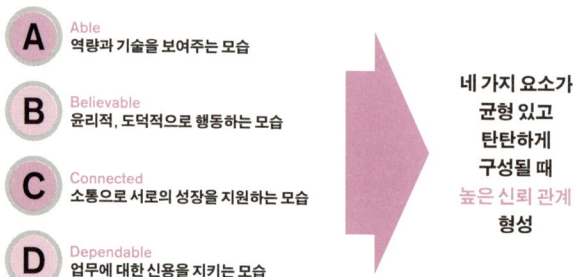

로를 능력 있는 동료Able라고 생각하고, 서로 윤리적이고 도덕적인 행동Believable을 하고, 서로 끊임없이 소통하며 서로의 발전을 도와주고Connected, 각자 업무에 대한 약속을 지키고 결과를 만들어낸다Dependable. 넷플릭스는 소통이 원활하지 않으면 퇴사 권고도 마다하지 않는데, 이는 외국계 기업의 특징이기도 하다. 15년을 일했든 25년을 일했든 회사와 맞지 않다고 판단하면 바로 퇴사를 권한다.

구글 역시 신뢰의 ABCD모델이 조직 전체에 자연스럽게 자리 잡고 있다. 구글은 철저하게 인재를 검증한 뒤 채용하기로 유명하다. 현재 일하고 있는 직원들과 비교해 능력이 뛰어난지 확인하고 가장 알맞은 사람을 찾을 때까지 사람을 뽑지 않는다. 그렇기에 함께 일하는 동료의 역량에 믿음을 가질 수밖에 없다[Able]. 또한 구글은 검색 계열 순위를 더 공정하게 나타내고 순위 조작을 방지하기 위해 검색 배열 순위를 공정하게 보여주는[Believable] 시스템을 개발한 것으로도 유명하다. 또한 이들은 적극적인 피드백 문화로도 알려져 있다. 사내 인트라넷으로 실시간 피드백을 주고받으며[Connected] 동료들은 아이디어의 실효성에 대해 실시간으로 다양한 의견을 주고받는다. 구글은 대체로 소수의 팀원이 단기 목표를 설정해 업무를 진행하는데, 그러다 보니 팀원들은 무엇보다 책임감을 중요하게 여기며 서로에게 약속을 지키는[Dependable] 동료가 되어준다.

매년 실리콘밸리 기업들을 탐방하면서 페이스북에 근무하고 있는 한국인 직원들, 한국에서 교육받고 본사에 취직한 직원들을 인터뷰하곤 했다. 어떤 어려움을 느끼는지, 언어 장벽이나 문화 장벽은 없는지 물어보면 신입으로 들어온 본인에게 일을 주지 않아서 힘들었다는 답이 돌아왔다. 신입 사원에게 일을 지시하거나 가르치지 않고, 하고 싶은 일을 찾아와 어떻게 진행할지 보고하라고 요구하는 것이다.

   페이스북의 업무 진행 방향은 인사 철학에 그대로 담겨 있다. 페이스북 리더들의 인사 철학은 자신보다 뛰어난 사람을 뽑는 것이다. 리더보다 뛰어난 직원을 뽑고 나면 일을 수직으로 지시하지 않고, 역량을 발휘할 수 있게 환경을 구축하고 보조해 주는 게 리더의 역할이라고 본다. 예를 들어, 직원 100명을 뽑으면 팀장 열 명이 순서대로 나와서 부서에서 하는 일을 발표한다. 그 발표를 들은 직원들은 팀장의 발표를 듣고 가고 싶은 부서를 정한다. 팀장들은 자신의 부서에서 맡은 일을 효과적으로, 매력적으로 운영할 수 있게 기반을 다지고 구성원이 원하는 부서를 직접 선택하므로 팀의 효율성이나 조직문화가 점점 발전한다.

리더의 비기,
코칭을 활용하라

리더의 핵심 역할, '코칭'

코칭은 리더의 가장 중요한 역할이자 조직 구성원이 리더에게 가장 기대하는 역할이다. 코칭coaching이란, 구성원이 최대한의 성과를 내고 주도적인 삶을 살아갈 수 있도록 지지하고 격려하는 적극적인 지원을 말한다. 조직과 리더가 기대하는 퍼포먼스를 실현하기 위해 바람직하지 못한 행동은 개선하고 바람직한 행동은 유지하고 강화하는 커뮤니케이션 과정이 코칭이다. 그냥 믿고 지지해 주면 되는 거 아니냐고 말할 수도 있지만 코칭의 방향에 따라 조직 구성원이 얼마나 변화하는지 안다면 코칭에 대해 다시금 생각할 것이다.

국가대표 축구팀이 경기하는 모습을 살펴보자. 코치, 리더, 감독, 선수 모두 국가를 대표하는 팀이라는 점에서 주요한 역할과 막중한 책임을 가진다. 나라를 대표하는 뛰어난 실력과 전략을 보유하고 있음에도 불구하고 그들이 매번 뛰어난 경기를 보여주는 것은 아니다. 좋은 선수들을 데리고도 실력이 뒤처지는 팀과 애매한 경기를 운용하기도 하고, 감독이 제 몫을 하지 못해도 코치와 주장이 이를 메워가며 팀을 승리로 이끌기도 한다. 이는 회사도 마찬가지다. 그렇기에 직급별, 역량별, 연차별로 섬세하고 세세한 코칭이 중요하다.

최근 회사에서도 코칭 리더십을 중요하게 인식하고 있다. 코칭 리더십을 가진 리더는 구성원의 업무나 과제가 어떤 비전과 목표를 가지고 나아가야 하는지 명확한 방향성을 제시하고, 구성원이 성과를 창출할 수 있도록 역량, 기술, 재능 등의 향상을 도와줄 수 있기 때문이다. 또한 구성원을 공정하게 평가하고 피드백을 공유하고 건설적인 방향으로 개선 방안을 소통할 수 있다.

코칭 리더십은 그야말로 조직이 원하는 리더상이다. 조직 구성원의 무한한 가능성을 믿고 잠재력을 이끌어내는 능력과 업무와 상황을 이해하고 경청해 주는 태도를 가진 리더라니, 누구나 탐낼 수밖에 없다. 하지만 현실적으로는 쉽지 않다. 리더는 언제나 성과에 대한 압박을 받고 있으며, 조직 구성원의 이야기를 경청하고 능력을 이끌어낼 시간과 여유가 부족하다. 하지만 시간이 없다고, 능력이 부족하다고 코칭을 무시한다면 결국 성과는 떨어지고 소통은 막막해진다. 코칭이 있어야 구성원은 능력을 발휘하고 자아를 실현하고 자신감을 고취할 수 있으며 궁극적으로 구성원의 역량이 올라가 리더 또한 부담이 줄어들고 구성원의 신뢰까지 받을 수 있다. 결국 조직의 생산성이 향상되고 이익으로 순환된다.

물론 코칭 리더십에도 단점은 있다. 목표 완료까지 시간이 더 오래 걸리고, 효과적이고 실현 가능한 피드백 제공 방법을 배우기 위해 시간과 비용이 들고, 조직 구성원이 부정적인 피드백을 싫어하거나 두려워하면 실현 자체가 어렵다. 조직에 여유가 없는 상황이라면 코칭 리더십 자체가 부담스러울 수도 있다. 하지만 단기적인 이익이 아니라 장기적인 수익을 목표로 한다면 코칭 리더십은 필요 불가결하다.

그렇다면 코칭은 언제 필요할까? 코칭은 문제 행동의

빈도가 낮고, 문제 행동이 구성원의 성격이 아닌 특정 상황에서 비롯된 것일 때 가장 큰 효과를 낸다. 코칭할 때는 무엇을 어떻게 해야 하는지를 직접적으로 말하는 직접적 코칭이 필요할 때도 있고, 현재 수준에 만족하지만 새로운 정보나 더 큰 책무를 주기 위한 지원적 코칭이 필요할 때도 있다. 직접적 코칭은 전문적인 기술을 전수하거나 프로젝트를 진행할 때 사용하고, 지원적 코칭은 코칭 대상자가 스스로 문제점을 찾았을 때나 자신감을 북돋울 때 사용한다.

코칭에는 세 가지 요소가 필요하다. 바로 수용적 경청, 공감적 승인, 존경적 협동이다. 수용적 경청Receptive Listening은 상대방의 말을 중간에 끊거나 부정하지 않고 끝까지 듣는 것으로, 눈을 맞추면서 당신의 말을 잘 듣고 있다는 메시지를 전달한다. 공감적 승인Resonating Recognition은 상대방의 장점을 찾아내 적절한 순간에 칭찬해 주는 것이며, 존경적 협동 Respectful Cooperation은 명확한 메시지를 전달하면서 도움을 요청하고 직원이 가진 장점을 발휘할 수 있도록 적합한 환경을 마련해 주는 것이다. 이 세 가지 요소를 고려하면서 코칭 리더십을 발휘한다면 리더와 구성원 모두 원하는 목표를 이룰 수 있을 것이다.

코칭은 경청에서 출발한다

코칭의 과정은 경청, 질문, 피드백의 3단계로 진행된다. 코칭을 하면서 서로 말은 많이 하는데 소통이 되지 않는 경우를 종종 본다. 서로의 말에 경청하지 않았기 때문이다. 경청 없이 전달만 한다거나 일방적으로 하고 싶은 말만 많았던 건 아닌지 점검해 보자. 이는 남의 의견을 받아들일 준비가 되지 않은 것이니 소통의 개발이 필요하다.

소통의 기본이자 코칭의 첫 번째 단계는 경청이다. 우선 다른 사람의 의견을 제대로 받아들이는 경청이 중요하다. 보통 경청은 세 종류로 나눈다. 하나, 태도나 말로 상대방의 이야기에 관심이 있다는 것을 전달하는 반응적 경청이다. "그렇군요", "정말이에요?"라고 말하며 고개를 끄덕이고, 시선을 맞추고, 메모를 하거나, 몸을 앞으로 기울이는 태도 등으로 표현한다. 반응적 경청을 하려면 경청을 흐트러트리는 방해를 차단하고 온전히 상대방에게 집중해야 한다. 가족과의 시간에도, 자녀와의 시간에도, 물론 회사 직원들과의 시간에도 반응적 경청이 소통과 코칭의 스킬을 높여줄 것이다.

둘, 상대가 말한 것을 요약해서 다시 언급하고 상대의

생각을 잘 이해했는지 확인하는 반복적 경청이다. 반복적 경청은 자신이 잘못 이해한 부분이 있을 때 바로 확인할 수 있고, 상대의 말을 충분히 이해하고 있음을 표현할 수 있다. 또한 상대에게도 자신의 말을 재고하고 정리할 수 있는 시간을 준다. 반복적 경청을 통해 얻을 수 있는 효과 중 하나는 지시든 부탁이든 의견을 제대로 접수했는지 자연스럽게 확인할 수 있다는 점이다. 이를 통해 소통의 문제를 줄여나갈 수 있는 것은 물론이다.

셋, 상대의 감정을 이해한다고 표현하는 공감적 경청이다. 공감적 경청은 상대의 감정에 동화되는 것이 아니라 이해하는 것이며, 무조건적으로 공감하기보다는 심리적인 거리감을 적당하게 유지하는 것이 중요하다. 무엇보다 중요한 것은 자연스럽고 반복적으로 경청을 경험함으로써 소통의 질을 높이고 코칭의 스킬을 공유하는 것이다.

좋은 질문이 좋은 답변을 만든다

코칭의 두 번째 단계는 질문이다. 뉴스나 미디어에서 나오는 인터뷰만 봐도 질문에 따라 답이 어떻게 달라지는지 볼 수 있다. 어떻게 질문하느냐에 따라 좋은 대답, 흔하지 않은 대답을 이끌어낼 수 있다. 소통을 더욱 원활하게 만들어주고 상대방에게 긍정적인 반응을 끌어낼 수 있는 질문은 어떤 것일까? 문제의 본질을 파악하고 대안을 찾을 수 있는 질문은 어떤 것일까? 상대방이 가진 내면의 깊이와 삶의 방향까지도 확인할 수 있는 질문은 과연 어떤 것일까?

최근 많은 기업과 기관에서 긍정 탐구를 업무에 활용하기 위해 시도 중이다. 신제품 매출이 하락하면 보통 "왜 제품이 팔리지 않을까"라는 질문으로 회의를 진행한다. 하지만 긍정 탐구는 "예상만큼은 아니지만, 우리 제품을 구매한 사람들은 왜 우리 제품을 골랐을까?"라고 질문한다. 이런 질문을 통해 찾아낸 강점, 특징을 강화하는 것이 긍정 탐구다. 문제에 집중하는 것이 아니라, 장점의 작동을 새로운 관점에서 접근하는 것이다. 문제점을 분석하고 이야기하는 회의에서는 타부서를 비난하거나 책임을 떠넘기기 쉽다. 좋은 제안이나 해결책이 도출되어도 자존심 때문에 받아들이려 하지 않는다. 반면 "잘하고 있는 점을 더 잘해봅시다"라고 하면 누구도 날을 세우지 않는다. 누구도 비난할 필요가 없기 때문이다.

부장이 장황하게 프로젝트를 설명하고 애매한 지시를

내리는 상황이라고 생각해 보자. 이런 상황에서는 구체적인 질문을 던지는 것이 좋다. "이 프로젝트가 성공했을 때 부장님께서 그리는 구체적인 그림이 있을까요?" "해야 할 일 중 가장 중요한 것이 무엇인가요?" 기준을 명확히 해야 업무가 수월해진다. 선택과 집중을 위해 지금 해야 할 가장 중요한 일을 물어보자.

우리가 가장 자주 질문을 던지는 상대는 바로 나 자신이다. 매일 어떤 질문을 던지는가에 따라 삶의 방향이 달라진다. "내가 왜 그랬을까" 대신 "앞으로 나아지려면 어떻게 해야 할까"라고 물어보자. "난 왜 이렇게 엉망일까" 대신 "내가 잘하는 건 무엇일까"라고 묻고 그 답에 집중해 보자. 더불어 지금 내가 해야 하는 가장 중요한 일은 무엇일지 스스로 물어보자.

부하 직원이나 조직 구성원에게 질문할 때도 "그렇게 행동하는 게 맞는 겁니까?"라고 비난하는 게 아니라, "그 행동으로 고객은 어떤 기분을 느꼈을까요?"라고 바꿔보자. 상대방은 자신의 행동을 되돌아보고 어떻게 행동해야 했을까를 고민하게 된다. "왜 그걸 못했습니까?"가 아니라, "어떻게 하면 그걸 완성할 수 있었을까요?"라고 질문한다.

상대방은 비난에 마음 상하지 않고, 성공의 방식을 고민하며 대안을 찾기 위해 노력할 것이다.

조직을 이끌고 발전시키는 피드백

코칭의 세 번째 단계는 피드백이다. 서로의 이야기를 경청하며 대안을 찾을 수 있는 질문으로 답을 이끌어냈으니 피드백으로 앞으로 나아갈 방향을 설정해야 한다. 효과적인 피드백은 조직 구성원에게 생산적인 실행 경로를 알려줄 수 있고 흥미와 동기까지 부여해 준다. 또한 리더와 조직 구성원의 관계를 더욱 밀접하게 연결해 준다.

영국의 비즈니스 전략가 리처드 스케이스는 "직원들 사이에 오가는 피드백이 21세기에 혁신을 가져다줄 최고의 원천이 되어줄 것"이라고 말했다. 즉, 직원들이 함께 머리를 맞대고 하나의 아이디어를 개선하고 보완하다 보면 더 큰 혁신이 이뤄진다는 것이다. 대표적인 예가 미국의 애니메이션 제작사 픽사다. 픽사는 세계 최초 3D 애니메이션 영화 〈토이 스토리〉를 비롯해 〈니모를 찾아서〉, 〈몬스터 주식회사〉 등 획기적인 작품들을 만들어냈다. 그리고 이는 모두 조직 속 피드백 덕분이라고 말한다.

픽사에는 피드백을 주고받을 때 지켜야 하는 기본 룰, 플러싱Plussing이 있다. 상대의 아이디어를 개선할 수 있는 건설적인 피드백을 줄 수 있을 때 비판도 할 수 있다는 룰이다. 즉, 상대의 아이디어에 비판만 쏟아내는 사람에게는 발언권을 주지 않고, 아이디어를 보완·개선·발전할 수 있게 돕는 의견을 더해야 한다. 이런 룰 때문에 피드백을 주고받는 분위기도 사뭇 다르다. 우선 픽사는 아이디어를 죽이는 말 대신 살리는 말을 쓰는데, 이를 가장 잘 보여주는 것이 바로 예스 앤드 원칙이다. 피드백을 줄 때는 "틀렸어", "그건 안 돼" 같은 부정적인 말은 피하고, 일단 "그렇습니다" 하고 긍정하고 받아들인다. 그리고 아이디어를 성공으로 이끌기 위한 의견을 덧붙인다.

가령 누군가 할아버지를 주인공으로 애니메이션을 만들겠다는 아이디어를 냈다고 치자. 다른 회사에서는 애니메이션에 할아버지가 웬 말이냐며 핀잔만 듣겠지만 픽사 직원들은 이렇게 말할 것이다.

"할아버지 캐릭터와 균형을 맞출 작은 동물이나 어린아이가 함께 등장하면 좋을 것 같네요."

픽사에서 영화 한 편을 만들기까지는 평균 2년 정도의

시간이 걸린다. 그동안 모든 팀은 매일 아침 하루도 빠지지 않고 모여 전날 한 업무에 대해 팀원들의 피드백을 받는다. 이 시간에도 어김없이 플러싱 원칙이 적용된다. 플러싱 원칙을 지키며 한 편의 영화에만 수백 번의 피드백을 쏟는 픽사. 과연 그 결과는 어땠을까? 할리우드 영화의 흥행 성공률은 평균 15퍼센트지만 픽사는 제작한 장편 애니메이션 모두 성공을 거두며 100퍼센트 흥행 신화를 만들었다.

피드백을 할 때는 성품이나 태도가 아니라 행동에 초점을 맞춰야 한다. 애매모호하게 표현하지 말고 구체적인 상황과 조건, 횟수 등 측정 가능한 행동에 집중하면 더욱 이해하기가 쉽다. 그리고 가능한 한 구체적으로 피드백을 줘야 한다. 고쳤으면 하는 행동을 돌려 말하지 말고 분명하게 제시한다. 또한 거짓을 더해 칭찬하지 말고 사실만 말하고, 고쳐야 할 행동이 일어난 즉시 피드백한다. 그리고 팀 전체를 두루뭉술하게 지칭하지 말고 구성원의 이름을 불러 개별적인 피드백을 줘야 한다. 특히 긍정적인 피드백은 개별적인 접촉이 중요하다.

아무리 조심하고 신경 써서 피드백을 준다고 해도 모두 잘 이해하고 긍정적으로 받아들이지는 않는다. 이는 받아들이는 사람만의 문제가 아니라, 인간의 본능이 활약한 결과다. 피드백을 수용하는 순간은 곧 자신의 잘못을 인정해야 하는 순간이기에 방어 기제가 형성된다. '작년까지는 두 명이 하던 일을 내가 지금 혼자 하고 있는데, 나보고 뭐라고 하는 거야?' '팀장님 올 때부터 딱 알아봤어. 저 사람은 뭘 해도 나한테 태클 걸겠구나 싶었는데.' 이렇듯 본인의 문제가 아니라 외부의 문제라고 생각하기 마련이다. 그래야 본인이 심리적 안정감을 유지할 수 있기 때문이다. 본능적으로 생기는 방어 기제를 해제해야 피드백을 수용하고 발전할 수 있다.

방어 기제를 해제하기 위해서는 우선 현상 공감이 필요하다. 지금의 상황을 제대로 파악하고 있는지, 왜 이런 상황이 되었는지 서로 이해하고 공감해야 한다. 현상 공감이 없는 상태에서 원인을 분석해 봤자 피드백을 받아들이지도 않고 방어 기제만 활약할 뿐이다. 다음으로는 원인 분석이 필요하다. 말 그대로 지금 상황이 일어난 이유를 분석하는 것이다. 하지만 원인 분석에서 끝내면 일방적인 핀잔에 지나지 않는다. 마지막으로 대안 제시까지 가야 제대로 된 피드백이 되고 상대방도 인정하고 수용할 수 있다.

리더의 MBTI, SCAF를 아세요?

SCAF, 리더의 유형을 나누다

코칭의 정의와 코칭의 과정을 알아보았으니, 이제 자신이 어떤 유형의 리더이며 어떤 방식의 피드백이 유용한지를 파악해야 한다. 리더의 유형을 나누는 도구 중 SCAF라는 사분면 그래프가 있다. 해당 그래프의 가로축과 세로축을 각각 살펴보자.

먼저, 가로축은 '주장'과 '동조'의 개념을 나타낸다.

SCAF의 가로축에서 나타나는 리더의 성향

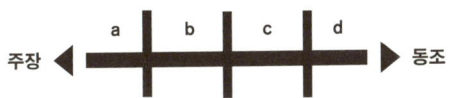

다음으로 세로축은 '표현'과 '억제'의 정도를 나타낸다.

| SCAF의 세로축에서 나타나는 리더의 성향

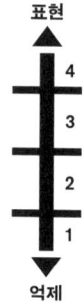

가로축과 세로축을 참고해 a에서 d, 1에서 4 중 자신과 가까운 성향에 체크한다. 가로와 세로로 표시를 한 뒤 합치면 네 가지 영역으로 구분되는데, 이를 SCAF라고 한다. 왼쪽 위의 S는 Speaker로 표출형, 오른쪽 위의 C는 Carer로 우호형, 왼쪽 아래의 A는 Achiever로 성취형, 오른쪽 아래의 F는 Finder로 분석형이다.

SCAF는 리더의 유형을 파악하는 데도 도움이 되지만 조직 구성원의 유형을 구분해 피드백을 줄 때도 유용하다. 네 가지 유형의 대략적인 특징을 한번 살펴보자. 표출형은 사교적이고 감정 표현이 자유롭다. 직감을 중시하며 비전

SCAF로 나타내는 리더의 유형

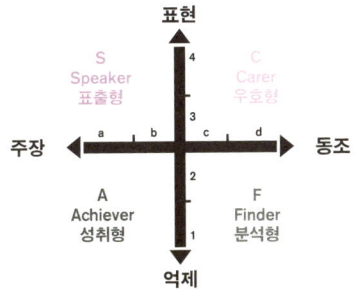

과 열정을 공유하는 유형이다. 만약 조직 구성원이 표출형이라면 개인적으로 칭찬해 주고 개인적인 관심사에 시간을 할애할 수 있도록 협조해 주면 좋다. 우호형은 주변 사람을 배려하며, 협조적인 지지자로서의 역할을 톡톡히 한다. 인간관계를 중시하는 유형이기도 하다. 만약 조직 구성원이 우호형이라면 말을 경청해 주고 상대방이 대화를 리드하게 해주고 압력보다는 동의를 구하면 좋다. 성취형은 현실적이며 감정을 억제하는 편이다. 사람들을 잘 이끌어 가고 강력한 추진력을 보여준다. 만약 조직 구성원이 성취형이라면 신속하게 본론으로 들어가고 동의하지 않는 점을 적극적으로 표현하면 좋다. 분석형은 이론적이며 정보

수집에 능하다. 개념과 사실을 중시하고 결과도 중요하지만 무엇보다 과정을 중요시한다. 만약 조직 구성원이 분석형이라면 논리적인 커뮤니케이션이 필요하며 제스처나 표정 변화, 사담이나 잡담을 피하는 것이 좋다.

어느 조직이든 네 가지 유형의 구성원이 골고루 분포되어 있으면 가장 좋다. 각각의 장점이 있기에 조직 안에서 다양성과 포용성으로 융화되면 시너지 효과를 불러일으킨다. 이는 상하관계에만 적용되는 것이 아니다. 만약 내가 협업하는 대상이 우호형이라면, 바로 의견을 개진하고 소통한 다음 업무를 진행한다. 표출형과 일한다면 업무도 중요하지만 점심은 뭘 먹었는지, 주말에는 어떻게 지냈는지 대화를 나누며 친밀감을 형성한다.

분석형과 일한다면 농담은 실없는 사람이 되는 지름길일 뿐이다. 업무 추진력이 제일 높은 유형은 성취형으로, 배경지식을 구체적으로 설명했을 때 "그래서 하자는 거야, 말자는 거야?"라고 반응한다면 99퍼센트 성취형이라고 볼 수 있다. 결론적으로, 분석형과는 논리적인 커뮤니케이션을 나누고, 우호형에게는 업무 프로세스 결정을 리드하고 제안하고, 성취형에게는 신속하고 적극적인 진행을 요청하고, 표출형과는 개인적인 인사를 나누고 업무에 들어가면 좋다.

최근 인기를 얻고 있는 MBTI는 열여섯 가지 유형이지만 SCAF는 네 가지 유형에 불과하다. 물론 내 상사를, 내 동료를, 내 팀원을 특정 유형으로 정확하게 나눌 수는 없다. 애매하게 위치한 경우도 있고 특정 유형의 특징이 극단적으로 강한 경우도 있을 것이다. SCAF 유형은 조직 내 사람들을 대략적으로 분류하고 그에 맞춰 대응하고 설득하기 쉬운 방법을 얻는 도구로 활용해야 한다. 상대방의 성향을 지정해 놓고 판단하기보다는 '왜 저런 행동을 했을까', '왜 이 말을 받아들이지 못할까' 등 의문을 구체화하면서 서로에 대한 이해도를 높여보자. 효과적인 커뮤니케이션을 위한 팁으로 활용할 수 있을 것이다.

Q 묻고

답하기 **A**

코칭의 범위는 어디까지인가? 조직 구성원의 업무에 대해서만 코칭해야 하는지, 성품에 대해서도 코칭할 수 있는지?

성품에 대한 코칭은 사실상 불가능의 영역이다. 다시 태어나도 바꾸기 힘든 영역이기 때문이다. 리더가 할 수 있는 영역은 팀 안에서 협업하는 동안은 서로 비즈니스 매너를 가지고 소통하고 성과를 내자고 요구하는 것이다. 성격 자체를 개조하려고 한다면 서로 힘들어질 뿐이다. 하지만 말과 행동이 바뀌다 보면 성품도 바뀔 수는 있다. 하지만 성품 자체를 건드리면 방어 기제가 형성되며, 실제로 성과 창출도 어려워진다. 리더가 접근할 수 있는 한계선을 분명하게 잡아놓고 조직 구성원을 코칭하는 게 효율적이다.

자신에게 맞는 일만 하려고 하는 조직 구성원은 어떻게 대해야 할까?

자신에게 맞는 일, 자신이 잘할 수 있는 일만 하려는 조직 구성원은 스스로에게 자신감이 없거나 회사에 많은 여력을 쏟고 싶지 않은 경우일 것이다. 능력이 있지만 '내가 이런 일까지 해야 하나?'라는 생각에 하고 싶지 않은 것일 수도 있고 잘할 자신이 없어서 아예 포기해 버리는 경우도 있다.

일단 그 직원에게 동기부여가 됐는지 점검부터 해보자. 그 다음 그에게 현재 상황을 깨달을 시간과 기회를 준 다음, 그동안 동기부여가 될 수 있는 환경을 마련해 보는 것이다. 억지로 끌고 가려고 압박하거나 최소한의 피드백을 주고 눈치보는 상황을 만드는 건 오히려 악영향을 줄 수도 있다. 조직원 모두가 무기력에 빠지지 않도록 팀을 잘 살피는 것 또한 중요하다.

조직에서 리더가 탄생하려면 회사 차원의 지원이 필수적인데, 이를 뒷받침해 주지 않는 기업이 대다수다. 그렇다면 개인이 실천할 수 있는 가장 쉬운 일은 무엇일까?

직원들은 리더로 업무를 이끌어가거나 팀원으로 협업하는 일 모두 경험해 봐야 한다. 자신이 맡은 일 중에서 영역 전문성이 충분하며 누군가를 이끌어갈 수 있는 분야가 있다면 망설이지 말고 리더로 자원해 보자. 다소 전문성이나 경력이 부족하다고 판단되는 영역은 팔로워를 자처하며 협조하고 지원해 보자. 즉 전문성을 가졌을 때는 리더십을, 전문성을 배워야 할 때는 팔로워십을 가지는 유연한 태도가 필요하다. 그래야 직무에 전문성을 심화Job Enrichment할 기회가 생기고, 유관 직무로 활동 무대를 넓힐Job Enlargement 수 있다. 기업이나 기관에는 마땅한 담당자가 없지만 누군가가 선뜻 나서길 바라는 크고 작은 일들이 많다. 해당 업무가 자신의 업무와 접점이 있거나 관심 분야라면 적극적으로 자원해 보길 바란다. 이런 업무는 엄격하게 책임을 묻기 어려우니 도전하기 좋고 직무 경험이 축적돼 자연스럽게 역량이 커진다.

좋은
리더가

포기하지
않는 것

인재는 하늘에서 뚝 떨어지는 것이 아니다. 회사에서 인재를 만들기 위한 노력과 시간과 비용을 반드시 투여해야만 한다. 인재 육성 방법을 잘 실천하고, 이어서 성과 도출의 과정까지 주시했다면 그에 합당한 공정한 평가까지 이루어져야 건강한 소통을 기반으로 한 단단한 조직이 탄생할 수 있다.

잘못 쓰면 잘 못할 수밖에: 인재 관리

'철밥통' 공무원도 전부 옛말?

공무원은 정년이 보장돼 한때는 '철밥통'이라 불릴 정도로 안정적인 직장이었지만 현재 정년까지 버티지 못하는 조기 퇴직자가 늘어나는 추세다. 2019년에는 재직 5년 미만 퇴직자가 6,500명이었지만 2023년에는 두 배인 1만 3,566명에 달했다. 어렵게 시험에 합격해 들어간 직장을 박차고 나가는 이유는 무엇일까. 가장 큰 이유는 낮은 임금과 연금 불안 때문이었고 열악한 근무 환경, 경직된 조직문화 등도 퇴사 요인이었다.

2025년 발표된 자료에 따르면 초임 9급 공무원의 봉급은 200만 882원이다. 최저임금을 적용한 한 달 월급 215만

6,880원보다도 적은 금액으로, 기타 지급 비용을 더하더라도 269만 원 정도다. 각종 세금과 연금을 제하고 나면 신입 공무원이 받아가는 실수령액은 150에서 190만 원 사이이다. 이제 막 사회생활을 시작한 공무원들은 실수령 임금이 지나치게 적다 보니 일상을 유지하는 것만으로도 벅차다는 생각이 들 수밖에 없다. 노동에 대한 적절한 보상이 이루어지지 않으니 열정은 바닥나기 십상이고, 결국 퇴직을 생각하게 된다.

공무원의 급여와 처우가 달라져야 한다는 의견이 나오고 있다. 더 이상 공무원 연금이 공무원직의 장점이 되지 않는 상황에서, 급여 현실화 문제는 굉장히 시급한 과제다. 수직적인 조직, 상명하달식 업무 체계가 직원들의 근무 만족도를 떨어뜨리고 있는 것도 문제다. 조직 내 소통 부분도 고민해야 한다. 얼마 전까지만 해도 철밥통으로 대변되며 많은 취업 준비생의 꿈이었던 공무원은 오히려 기피 대상이 되고 있다. 괴리가 컸던 걸까? 마침내 꿈을 이룬 공무원들이지만 불과 몇 년 만에 다른 꿈을 찾아 나서고 있다. 최소한의 처우도 보장받지 못하는 것이 현실이다.

그렇다면 일반 회사는 어떨까? 역시 공무원과 다르지

않다. 2024년 한국고용정보원에서 발간한 〈임금근로자의 1년 이상 고용유지율 변화 분석〉 보고서에 따르면, 지난 2021년에 신규로 취업해 고용보험에 가입한 임금근로자의 1년 후 고용유지율은 40.1퍼센트였다. 신규 취업자 열 명 중 네 명만이 1년 후에도 회사를 다니고 있었다는 의미다.

지난 10여 년간 다보스 포럼에 자주 등장한 주제는 '고용 없는 성장'이었지만 2024년 6대 의제 중 하나는 '인력과 고용'이었다. 고용 환경이 변화하면서 자발적 퇴직이 증가하는 대퇴사 시대 The Great Resignation가 도래했기 때문이다. 이는 직장인들이 직장에서 적극적으로 일을 잘하려고 하는 마음이 떠났기 때문에 일어나는 현상이다. 받은 만큼만 일하겠다고 생각하니 애정도 열정도 남지 않아 퇴직이 쉬워지는 것이다. 직원의 마음가짐이 이러하니, 직장에서도 직원을 배려하지 않는다. 정규직 대신 단기계약직을 고용하고, 저성과 직원의 퇴사를 유도하고, 때로는 칼바람을 일으켜 대규모의 희망퇴직을 받기도 한다.

요즘 '조용한 사직'이라는 말이 화두다. 2022년 7월 미국 20대 엔지니어 자이드 펠린이 "일은 당신의 삶이 아니다"라고 말하는 짧은 영상을 틱톡 계정에 업로드했고, 이는 한 달 만에 480만 조회수를 기록하며 전 세계의 젊은 직장인을 중심으로 공감대를 형성했다. 퇴사하지 않더라도 최소한의 업무만을 처리하는 태도를 '조용한 사직'이라 부른다. 조용한 사직은 조직을 이끄는 리더에게도, 함께 일하는 동료에게도 난감한 상황을 부른다. 회사가 마음에 안 들면 퇴사하고 다른 답을 찾아야 하는데, 주어진 최소한의 일과 책임만 하겠다는 마음으로 자리만 지키는 것이다.

잡코리아에서 직장인 770명에게 설문조사를 실시한 결과, 79.6퍼센트는 개인 생활에 영향을 끼치지 않도록 업무 중에만 효율적으로 일하는 것을 원했고, 8.4퍼센트는 성과를 높이기 위해 야근, 특근을 불사하며 최선을 다하는 것을 원했다. 10.8퍼센트는 주어진 업무만 맡아 그 이상 일하지 않는 조용한 사직을 원했다.

조직 내에 기생하는 나쁜 상사, 경영진의 임금 인상 거부, 승진 기회 박탈 등 조용한 사직을 만드는 것은 직원이 아니라 시스템이라는 점을 지적하기도 한다. 미래가 보이지 않는 직장에서는 의욕을 잃어버릴 수밖에 없고, 그런 직원들의 당연한 결정이라는 것이다. 전문가들은 근로자의 번아웃이나 재택근무 확산과 같은 노동 환경의 변화 등도 영향을 미쳤다고 본다.

사실 리더가 보기에 5년 차는 퇴사나 이직을 생각할 시기가 아니라, 한창 일을 배우고 성장해야 하는 시기다. 아직 불도 붙여보지 못했는데 다 타버렸다고 하니 리더는 당황할 수밖에 없다. 서로의 다른 가치관은 어떻게 바꿔야 할까? 조용한 사직 상태에서 인재 육성은 어떻게 진행해야 할까? 조직 자체에서도 교육 프로그램을 통한 전략적 인재 육성의 방향성을 정립해야 하고 리더도 교육의 개입 방안을 설계하는 등의 추가적인 노력이 필요하다.

인재 유출을 막기 위한 핵심 육성 전략

전략적 인재 육성에는 조직 학습Organizational Learning, 조직 성과Organizational Performance, 조직 변화Organizational Change의 과정이 필요하다. 조직 학습은 조직 성과의 향상과 변화의 전제 조건으로 개인, 팀, 조직의 역량을 개발하기 위한 활동이다. 조직 성과는 조직의 비즈니스 목표 달성을 위해 성과 상의 문제점과 영향 요인을 분석해 이를 해결하기 위한 개입 방안을 설계하는 활동이다. 조직 변화는 조직 내에서 조직문화, 책임, 역할 등의 변화가 촉진될 수 있도록 환경을 조성하고 이를 관리해 나가는 활동이다.

국가과학기술인력개발원KIRD의 러닝맵 프로그램을 참고해 조직 학습을 진행해 보길 추천한다. 주무 부서와 예산, 참여자들이 잘 맞물려 우수한 사례를 보여주었다. 우선 12대 국가전략기술 분야별 전문가 멘토와 학습 모임을 매칭하는 전략 주제를 신설해 참가자 자율 주제 트랙과 함께 투 트랙으로 운영했고, 6개월간 최대 600만 원의 연구활동비를 지원했다. 프로그램 시작부터 종료까지 학습 성과 도출에 필요한 교육, 자문, 홍보 등 지원 제도를 운영하며 열두 개 팀에 81명이 참여해 인공지능, 양자, 차세대 통신, 첨단바이오, 사이버 보안 등 연구 성과물 52개를 발표했다.

조직의 성과를 내기 위한 러닝맵 프로그램이지만 조직에 어떤 문제가 있는지 문제 인식과 현상 공감을 하고 원인을 분석한 후에 대안까지 제시할 수 있어, 이를 조직 단위로 확장하면 조직 성과까지 개선할 수 있다.

이를 적용한 또 다른 사례가 쿠팡이다. 쿠팡 물류센터는 물건을 포장하고 나르는 작업이 쉴 틈 없이 반복된다. 물건이 너무 많아 레일 밖으로 넘치면 레일이 멈추기 때문에 직원들은 물 먹는 시간도 아낄 정도로 많은 근무량을 소화한다. 120명에서 150명 정도가 한 층에 일하는데 화장실 수가 적어 이용하기도 어렵고, 물류 창고 특성상 기후 변화에 취약해 겨울에는 너무 추워서 변기에 물이 어는 경우도 발생한다. 여름에는 가열 현상으로 급격히 기온이 높아져 큰 선풍기를 구비해 놓고 작동하지만, 땀을 식히기에는 턱없이 부족하다.

이를 보완하기 위해 만든 것이 바로 축구장 46개 규모의 쿠팡 대구 물류센터다. 수십 개의 로봇이 쉴 새 없이 움직이며 포장된 상품을 배송 지역에 맞게 분류하고, 바닥에 붙은 QR코드에 따라 스스로 동선을 파악한다. 일일이 사람이 물건을 찾는 대신 포장 전 상품들이 담긴 대형 선반을 로봇이 바로 옮기고 지게차도 무인으로 운영된다. 이런 자동화 과정을 통해 사람의 작업량을 65퍼센트 이상 줄였다. 인공지능, 빅데이터, 자동화가 융합된 고도의 물류 네트워크를 기반으로 지역 소상공인과 지역사회 발전을 위한 노력을 계속하겠다는 것이 쿠팡의 취지다. 2014년부터 영업 손실과 적자에서 벗어나지 못했던 쿠팡이 2024년 첫 연간 흑자를 기록한 건 물류센터 첨단화 덕분이라는 평도 많다. 현재 쿠팡에는 IT 개발 인재만 2,000명 정도 근무하고 있다. 이는 지역 인재 육성을 위한 물류 전문가 양성 지원이 컸다. 그 덕분에 흑자가 지속되며 이커머스 업계에서 선두를 차지하고 있다.

조직 변화에 있어서는 구찌가 좋은 사례다. 사실 구찌는 명품 브랜드지만 다소 구시대적인 이미지를 가지고 있었다. 하지만 2020년 미키마우스와 컬래버레이션을 통해 이미지 쇄신에 성공했다. 쇄신의 바탕에는 구찌의 조직 변화 노력이 큰 역할을 했다. 구찌는 브랜드 이미지를 개선하기 위해 리버스 멘토링을 활용했는데, 리버스 멘토링이란 시니어가 주니어에게 조언을 주는 일반적인 멘토링이 아니라, 주니어가 시니어를 가르치는 것을 뜻한다. 우리나라에서는 영 멘토링이라고도 부른다. 우리나라에서 적용했을 때도 속도가 빠르고 확산도 잘 되지만 실패 확률도 큰 방법이었다. 우리의 정서와 맞지 않기도 하지만 시니어의 경직성이나 주니어의 열정 부족으로 효용성이 떨어졌다. 그나마 디지털 역량 분야에서는 자연스럽게 정보를 주고받을 수 있었지만 제도화하면 결국 효용성이 떨어졌다.

《90년생이 온다》에 따르면, 90년대생은 해당 조직에 남아야 할 이유를 찾지 못하면 언제든 조직을 떠날 수 있다고 한다. 그들이 원하는 것은 자기 목소리를 내고 주목받고 성장할 수 있는 기회라고. 하지만 이는 조직의 특성과 잘 맞았을 때 해당한다. 조직에서 신선한 감각과 센스를 마음껏 발휘할 수 있는 기회를 제공하거나 성과에 대한 즉각적이고 긍정적인 피드백으로 동기부여를 제공하거나 성장할 수 있는 환경을 조성해 주어야 한다. 성장과 학습의 기회를 함께 제공하는 육성 전략이 필요한 때다.

팀원의 일머리를 높이는 법: 70-20-10 법칙

숫자에 숨은 인재 육성의 원리

흔히 인재 육성의 원리를 70:20:10으로 설명한다. 우리가 직장에서 필요한 것을 배울 때, 70퍼센트는 일하면서 현장에서 배우고, 20퍼센트는 선배나 멘토나 관련 부서에서 배우고, 강의장에서 배우는 건 10퍼센트라는 개념이다. 결국 업무 현장에서의 배움이 가장 중요하다. 그동안은 문제 해결에 도움을 주는 10퍼센트의 강의 방식을 고수해 왔으나 이제 20퍼센트와 70퍼센트에 초점을 맞추어야 한다.

가장 이상적인 70:20:10 비율은 10퍼센트는 신입 사원이나 업무 초보자의 학습 영역으로 두고 단시간 내 짜임새 있는 교육이 가능하도록 전통적인 형식의 학습을 제공하고, 20퍼센트는 조직 구성원 간 의사소통과 공유를 통한 학습으로 보고 코칭이나 멘토링 등 상호의존적 학습이 필요한 경우에 실행한다. 70퍼센트는 가장 많은 학습이 이루어지는 일터를 기반으로 한 학습으로 보고 경험과 실천 중심의 자기주도형 학습 전략, 환경 변화에 대처하기 위한 현장 학습 전략으로 활용한다.

그렇기에 업무 수행과 동시다발적으로 일어나는 학습을 통해 학습 전이를 촉진해야 한다. 학습 전이를 높이기 위해서는 학습이 진행되는 환경과 적용할 환경을 비슷하게 만든다. 또는 학습에서 배운 내용과 실제 과업 수행에 필요한 내용이 같으면 된다. 제대로 학습 전이가 촉진되면 80퍼센트의 훈련생은 자신이 배운 지식 및 기술을 업무에 적용할 수 있는 자신감을 가지고 90퍼센트의 상사 및 임원은 직원의 업무 기술이 향상되었다고 만족한다. 배움은 현장에서 일어나는 것이다. 기업에서 신입을 채용할 때 부서에 배치하기 전에 현장에 투입하는 이유도 이 때문이다.

삼성물산은 신입 여성 직원을 아랍에미리트의 수도 아부다비로 파견해 현장에서의 배움을 실현시켰다. 이들은 첨단 TBM 공법을 이용한 하수 등의 현업에 투입되어 터널

공사 현장을 확인하고 자재 조달 등의 업무를 수행했고 변화하는 환경에 따라 직무 역량 및 글로벌 리더십을 함께 개발할 수 있었다. 이는 중동 최초 여성 기사로의 발판이 될 것이다. 삼성에서는 10여 년 전부터 신입 교육에 대해 고민했다. 기성세대와는 다른 이들 세대를 어떻게 교육해야 할지, MZ세대를 위한 교육을 어떻게 흥미롭게 바꿀 수 있을지, 어떻게 해야 현장에서도 지속할 수 있을지를 고민하고 방법을 찾았다.

코로나19 시대를 지나며 혁신에 가속도가 붙고 있다. 현장에서의 배움도 중요하지만, 하이브리드 업무 환경에 적용하는 업무 기술의 필요성 또한 대두되는 중이다. 링크드인 같은 회사에서는 환경 변화를 인식하고 학습을 통해 일과 삶의 의미와 목적을 되찾으려는 근로자들에게 새로운 러닝 플랫폼을 제공하기도 한다.

70퍼센트만큼이나 중요한 '20퍼센트의 힘'

수치상으로 보면 큰 차이가 있지만, 20퍼센트도 70퍼센트 못지않게 중요한 역할을 한다. 20퍼센트는 멘토링이나 코칭이나 소셜 러닝에서 학습하는 것으로, 소셜 러닝은 '다른 사람으로부터' 또는 '다른 사람과 함께' 행하는 학습이다. 그렇기에 '함께'가 중요한 의미를 가진다. 관계, 공유, 개방, 참여를 통한 학습이라는 전제 안에서 리더와 멤버 간의 코칭과 피드백, 온라인 커뮤니티, 그룹 활동, 개인 학습 네트워크, 소셜 이벤트 등 다양한 분야와 도구로 진행할 수 있다. 기업과 기관에서도 이 20퍼센트를 충족하기 위해 다양한 방면에서 노력하고 있다.

예를 들어, LG전자에서는 조직 안에서 편안하게 정보를 공유하고 학습으로 연동될 수 있도록 소셜 러닝을 디자인했다. 많은 기업에서 디자인 싱킹^{Design Thinking}을 통한 혁신적인 소셜 러닝을 공유하고 있는데, 디자인 싱킹이란 창조적이고 혁신적인 디자인을 창안하고자 고심하는 디자이너처럼 사고하는 것을 의미한다. 주어진 문제를 창조적으로 해결하고 혁신적인 아이디어를 만들어내는 사고의 과정 및 방법이다. 디자인 싱킹에서는 수직적 관계가 아닌 수평적 관계에서 자유롭게 의견을 교환하고, 빠르고 저렴하게 시행착오를 경험하는 것을 중요시하는데, 저렴한 시행착오는 조직 학습 측면에서도 중요한 요소다. 실패를 성공의 자산으로 여기는 조직문화와 재도전을 응원하는 조직 프로세스를 바탕으로 한 저렴한 시행착오는 학습의 효과를 극대화한다.

LG전자의 SAP는 조직 구성원 및 고객의 아이디어 다양성을 존중하는 디자인 싱킹의 훌륭한 예를 보여준다. 우선 기획자, 디자이너, 엔지니어가 훌륭한 제품을 만들기 위해 각자의 위치에서 최선을 다한다. 소통과 협업을 바탕으로 구성원 및 사용자와 상호작용하며 제품과 서비스를 제작한다. 그다음 지속적인 개선으로 프로토타입을 만들어 시장에 내놓은 뒤 신속하게 개선점을 찾고 정교하게 다듬는 과정을 반복한다. 또한 다양한 접근으로 가능한 한 많은 아이디어를 발굴하고 아웃풋을 산출하며 고객의 니즈를 파악하고 사용자와 함께 문제를 해결한다.

개인이 아무리 탁월한 능력을 갖추어도 혼자서는 완벽한 결과물을 창출해 낼 수 없다. 반면 혼자서 했을 때보다 팀으로 묶었을 때 결과물의 퀄리티가 더 떨어질 때도 있다. 연습 기회가 부족했기 때문이다. 대학에 들어갈 때까지는 혼자서 공부하고 혼자서 수험 생활을 해왔기 때문에 당연히 팀 프로젝트가 익숙하지 않다. 그러다가 조직에 들어오면 협업이 필요한 상황에 당황할 수밖에 없다. 익숙하지 않은 상황이다 보니 튀거나 아예 묻히는 등 의욕을 잃거나 과정이 엉키는 상황이 발생한다.

그렇기에 조직에서는 구성원 개개인을 팀으로 묶어 집단지성을 낼 수 있게끔 해주는 것이 중요하다. 문제 해결을 위해 같이 고민하고 학습할 때 조직 구성원들은 주인 의식을 느끼며 신뢰도가 향상된다. 이렇듯 조직 내 흩어져 있는 인적자원을 효과적으로 연결하는 것이 곧 조직의 경쟁력이기에 집단지성이 극대화되는 소셜 러닝으로의 변화 과정은 필수적이다.

넷플릭스에서는 집단지성을 극대화하려는 노력의 일환으로 핵 데이Hack Day라는 학습 지원 제도를 마련했다. 핵 데이는 경영지원부서부터 엔지니어까지 넷플릭스의 모든 팀이 한 공간에 모여서 아이디어를 나누는 행사로, 엉뚱하지만 즐길 수 있는 아이디어인 넷플리스 자판기, 텔레플릭스 등을 제안하며 실제 상용화될 아이디어는 아니더라도 혁신적인 기업 가치를 구성원 모두와 공유한다. 구성원들이 시장에서 변화를 선도할 수 있도록 회사 차원에서 노력하고 있다.

10퍼센트로 완성되는 인재 육성 전략

마지막으로 인재 육성을 완성하는 10퍼센트는 일방적인 방식이어서는 안 된다. 학습 전이가 극대화될 수 있는 교육 방법은 직접 경험할 기회를 주는 것이다. 사람은 들은 것의 10퍼센트를 기억하고, 말한 것의 75퍼센트를 기억하고, 직접 해본 것의 90퍼센트를 기억한다고 한다. 그렇기에 일방적인 강의나 학습이 아닌 경험 학습Experiential Learning, 소셜 러닝 형태가 결합된 하이브리드 프로그램으로 탈바꿈해야 한다.

기아에서는 신입 사원에게 경험 학습과 소셜 러닝, 형식 학습이 하이브리드된 직무 온보딩 프로그램을 제공한다. 일방향 강의식 직무 교육 전후로 경험 학습과 소셜 러닝을 배치해 학습 전이를 극대화하는 방식이다. 업무 현장의 축소판인 시뮬레이션 게임을 하거나 현장감 있는 경험 실습을 하고 동료나 타 직무군, 직무 전문가와 함께 소셜 러닝을 진행하며 사이사이에 강의 형태의 형식 학습을 제공하는 것이다. 매우 우수한 10퍼센트의 전략을 보여주는 사례라 할 수 있다.

뉴욕 경찰NYPD의 형식 학습도 무척 흥미로운데, 뉴욕 경찰은 VR 기술로 수백 명의 경찰관이 실제로는 불가능한 수많은 시나리오를 체험하도록 한다. 총기 안전을 실시간으로 모니터링하면서 작은 공간에서도 효과적으로 훈련한다. 더구나 실시간으로 데이터를 수집하다 보니 통계를 내기에도 용이하다. 덕분에 뉴욕 경찰은 안전사고의 위험 없이 실제로 경험하기 어려운 훈련 상황을 효과적으로 경험할 수 있다.

가장 좋은 배움터, 현장: S-OJT

S-OJT, 인재 육성도 백문이 불여일견

현장형 인재를 육성하기 위한 도구인 S-OJT^{Structured On-The-Job Training}가 최근 그 효과를 인정받고 있다. S-OJT는 숙련된 직원이 초보 직원에게 업무 현장 또는 업무 현장과 유사한 장소에서 해당 업무를 훈련시키는 프로세스를 말한다. 업무 현장은 실제 업무에는 영향을 주지 않는 범위 내에서 선택하고 초보 직원은 지식이나 기술이 부족한 신입이나 새로운 일을 맡은 경력 직원이다. 숙련된 직원은 업무 경험이 풍부하고 트레이너로서 자격을 갖추고 있어야 하며 업무는 한 직무 내에 의미 있는 작은 단위의 일로 정한다.

S-OJT 과정을 담아낸 유튜버 충주맨의 영상이 사람들

의 이목을 끌기도 했다. 마감 시간을 5분 앞두고 까다로운 민원인이 민원대에 방문했을 때의 상황을 그대로 구현해 낸 것이다. 체계적이면서도 제대로 진행된 S-OJT 육성 방법이었기에 많은 이의 관심을 받았다. 본인이 직접 겪었던 민원인의 특징을 그대로 재현하면서도, 업무 진행 시 누락되기 쉬운 부분을 상기시키는 모습에서 건강한 트레이너로서의 특징이 엿보인다. S-OJT는 모듈을 제작하면 누구나 체계적으로 교육받을 수 있기에 트레이너에 따라 교육의 질을 달라지지 않는다는 장점이 있다.

S-OJT의 여섯 단계

S-OJT 프로그램을 위한 가장 체계적인 접근 방법을 확인해 보자. 먼저, S-OJT를 사용 여부를 결정하고 교육 훈련 대상의 업무를 분석한 뒤 S-OJT 트레이너를 양성해야 한다. 그다음 누구에게나 적용할 수 있는 S-OJT 모듈을 제작하고 S-OJT를 실시한 뒤 평가하고 문제는 없었는지 확인한다. 이후 문제를 하나씩 해결하면서 S-OJT 모듈을 완성해 나간다. 이 과정이 가장 기본적이고 체계적인 방법이다. 각 과정을 좀 더 자세히 살펴보자.

첫째, S-OJT 사용 여부를 검토할 때는 교육 훈련 장소가 있는지, 업무 방해물은 없는지, 업무에 긴급성이 있는지, 난이도가 알맞은지, 재정적으로 이익이 있는지 등을 파악해야 한다. 만약 급한 업무거나 업무 자체가 너무 어렵다면 표준적인 S-OJT보다는 다른 방향의 육성 방법을 고민해야 한다.

둘째, 교육 훈련 대상의 업무는 세부적이면서 꼼꼼하게 분석해야 한다. 필요한 도구와 장비, 업무 절차, 업무 수행 시 유의 사항부터 업무 산출물 평가까지 계산해야 훈련 과정을 더욱 효과적으로 적용할 수 있다.

셋째, S-OJT 트레이너는 업무를 오랫동안 경험한 선배 직원이 될 수도 있으며, 관련 교육을 받은 직원이 될 수도 있다. 업무를 직접 경험한 직원이라면 자신의 업무 경험을 바탕으로 더 좋은 트레이너가 될 수 있다.

넷째, S-OJT 모듈은 서류나 워크숍, 동영상으로 만들 수 있으며 S-OJT를 실시하는 데 필요한 모든 정보를 담고 있어야 한다. 우선 S-OJT에 적정 업무를 찾아 분석한 뒤 성과 측정 양식을 만들고 개요를 완성한다. 최근에는 서류보다는 과정을 제대로 파악할 수 있는 동영상을 선호하는 추세다. 모듈을 만들 때는 반드시 업무 현장과 유사한 교육 훈련 장소와 상황을 계획해야 하고 방해 요소가 없어야 한다. 시간 계획도 중요한데, S-OJT 기간과 날짜, 시간을 미리 정해야 초보 직원이 남은 시간에 주어진 정보를 연습할 수 있다.

S-OJT 인재 육성에서는 감정적인 부분에도 주의해야 한다. 보통 한 명의 트레이너가 서너 명의 초보 직원을 가르치는 형식을 취하는데, 업계에 따라 서너 명의 트레이너가 한 명의 초보 직원을 가르치는 경우가 있다. 그 경우 초보 직원은 트레이너의 말을 귀담아듣기보다는 혼나지는 않을까, 잘하고 있는 걸까 하는 불안을 느낄 수도 있다. 업무를 학습할 때는 이미 알고 있는 내용 70~80퍼센트에 더해 새로운 내용 20~30퍼센트가 들어올 때 학습 효과가 극대화되기 때문에 무조건 지식이나 기술을 주입하기보다는 정보를 더해준다는 의도가 필요하다.

다섯째, S-OJT를 실시할 때는 초보 직원에게 교육 훈련의 목표와 이유를 설명하고, 선행 지식을 확인한 뒤 진행 상황을 설명하는 등 준비가 필요하다. 그다음 트레이너가 교육 훈련을 시연하면서 업무의 세세한 정보와 전체적인 개요를 전달해 준다. 실습 후에는 초보 직원이 전달한 지식을 잘 받아들였는지 확인해야 한다. 업무의 개요를 물어보고, 따라 할 수 있는지 확인하고, 업무 단위를 요약하거나 정리할 수 있는지 확인한다.

듣기만 하는 것보다 직접 말하고 경험하는 것이 학습 효과가 더 높다. 또한 초보 직원이 직접 실무를 경험해 봐야 트레이너가 보다 더 효과적인 피드백을 줄 수 있다. 트레이너가 설명하고 시범을 보여주고 초보 직원이 실습하고 잘못된 부분을 코칭해 주고 다시 실습을 시킨다. 이 사이클이 나선형으로 반복되면 역량이 올라간다. 안타깝게도 현장에서는 피드백까지 진행하지 못하는 경우가 많은데, 체계적인 S-OJT만이 인재 육성에 튼튼한 바탕을 제공한다.

여섯째, 수행을 평가하고 문제를 해결한다. 초보 직원이 자기 보고를 평가하고 성과 테스트 결과를 평가한 뒤 그 과정을 문서화하면 S-OJT 실시 프로세스가 마무리된다. 평과 결과에 문제가 있었다면 어떻게 해결해야 할지 함께 고민한다.

S-OJT를 제대로 활용하는 리더가 되려면

S-OJT 인재 육성의 과정을 업무적으로 설명했지만, 이 과정에서 바탕이 되어야 하는 건 서로 간의 신뢰다. 트레이너와 초보 직원 사이에 신뢰 관계가 형성되어 있지 않으면 직원은 교육 과정을 잘 받아들이지 못하고 트레이너는 피드백에 감정이 실린다.

피드백이야말로 신뢰가 바탕이 되지 않으면 그저 잔소리나 괴롭힘으로 치부될 수 있다. 문제점을 강하게 비판하는 식의 피드백은 당연히 보고자를 위축하게 만든다. 문제는 그 다음이다. 이후에 초보 직원은 보고 자체에 관한 거부감이 생기고, 원활한 보고가 이루어지지 않는 문제에 관해 트레이너는 지적할 수밖에 없다. 이런 악순환 속에서 두 사람 모두 상처받고 지칠 수밖에 없다. 서로가 서로를 위한 이야기를 거리낌없이 주고받기 위해서는 반드시 신뢰 관계를 형성하는 것이 우선되어야 한다.

리더십 유형에 대해 알아보았을 때, 팀의 발달 단계에 따라 각각의 유형이 달랐다. S-OJT 프로세스도 마찬가지다. 1단계는 무의식/무능력. 의지도 없고 알아들을 능력도 없다. 이때는 빈번히 확인하고 반복적으로 정보를 줘야 한다. 2단계 유의식/무능력. 의지는 있는데 내용 파악이 안 된다. 이때는 상세하게 알려주고 시범을 보여줘야 한다. 3단계 유의식/유능력. 의지도 있고 내용 파악도 된다. 이때는 상황을 보면서 가르쳐준다. 4단계 무의식/유능력. 이미 체화되어 있어 알아서 정리한다. 권한을 위임하면 된다. 이렇게 상대에 따라 S-OJT 프로세스를 구체화하면 다양한 상황에 대응할 수 있다.

S-OJT는 A부터 Z까지 구체적이고 세세하게 준비해야 하는 것이 아니라, 발달 단계에 따라 프로세스를 구성해야 효과를 극대화할 수 있다. S-OJT 프로세스와 70:20:10 비율을 잘 정리해서 구현할 수 있다면 스마트한 인재 육성으로 일터 환경의 변화를 이끌어낼 수 있을 것이다.

그들은 일터에서 공정을 원한다: 성과 평가

공정하게 경쟁하고, 타당하게 평가하라

인재를 육성한 뒤에 반드시 따라오는 것이 성과 관리다. 이익을 내야 하는 기업에서는 개인과 팀의 성과를 관리하기 위해 성과 평가를 하는데, 평가 시즌이 되면 구직 사이트의 접속률이 올라간다는 웃지 못할 이야기도 있다. 성과 평가가 업무에 동기를 부여하는 것이 아니라 구직 활동에 동기를 부여하는 아이러니한 현상이다. 잡코리아의 설문조사에 따르면, 직장인 열 명 중 일곱 명이 성과 평가에 불만을 가졌고, 여섯 명이 이직을 위해 자신의 이력서를 상시 오픈하고 있었다.

그렇다면 왜 많은 사람이 성과 평가에 불만을 갖는 걸

까? 평가 제도의 불합리함을 느끼는 가장 큰 이유에 대해서는 44.1퍼센트는 인맥 위주의 주관적인 평가라서, 39퍼센트는 평가 제도가 허술하거나 미흡해서, 28퍼센트는 매년 같은 방식의 평가라서, 27.6퍼센트는 직급이나 업무의 특성을 반영하지 못하는 평가라서라고 답했다.

항상 최고의 평가를 받을 수는 없기에 누구나 한 번쯤은 불만족한 평가 결과를 받아봤을 것이다. 대상자 모두가 수용 가능한 합리적인 성과 관리는 과연 가능한 것일까? 조직에서는 평가 제도의 불만을 축소하고 공정성을 가지고 성과에 기반한 보상 체계를 마련하기 위해 노력한다. 하지만 업무란 직무와 업무, 인간관계와 상호관계, 능력과 협력 사이의 일이기에 객관적인 지표로 평가하기가 어렵다. 그렇기에 기업에서도 합리적인 성과 관리를 위해 여러 가지 제안을 하지만 모든 조직원을 만족시킬 수는 없는 것이다.

특히 MZ세대는 공정성을 중요하게 생각한다. 어린 시절부터 경쟁하며 지속적이고 강도 높은 평가를 경험했고, 정보통신기술이 발달하면서 노력이나 성취에 대한 대가를 다른 회사와 비교하기가 쉽다. 자연스럽게 공정성에 대한 민감성이 증가하고 본인이 제공하는 시간, 노력, 기회비용에 정당한 대가를 요구한다.

서울대 회계학 신재용 교수는 조직의 기성세대, X세대 구성원들은 성과급을 구성원에 대한 조직의 시혜로 받아들였다고 말한다. 그러나 MZ세대, 즉 주니어 조직원에게 성과급은 자신이 한 일에 대한 보상이자 조직과 내가 하는 일대일 거래로서의 의미가 훨씬 뚜렷하다고 한다. 그는 기업이 MZ세대를 조직에 조화롭게 융화시키기 위해서는 그들이 원하는 것을 알아야 한다고 말한다. 그들의 선호, 가치 체계, 욕망을 이해할 필요가 있다는 것이다. 그들이 가장 원하는 것은 공정이며, 거창한 보상이 아니라 노력에 대한 정당한 대가라는 실용적인 차원이라고 설명한다.

MZ세대를 대표하는 단어는 불안이다. 글로벌, 디지털 혁명을 동시에 체험한 능력 있는 세대이자, 단군 이래 처음으로 부모보다 못살 것이라는 비관적인 예측이 팽배한 세대가 그들이다. 미래에 대한 기대가 적은 데다 부동산 가격은 폭등했고, 근로소득의 가치는 폭락했다. 이 모든 불안감이 그들을 이익 추구에 집착하도록 만들었고, 그 과정에서 그들이 찾아낸 수사가 공정이었다.

MZ세대가 공정에 민감한 이유는 자신의 노력에 상응

하는 대가를 받고 싶다는 바람 때문이다. 그들에게 직장에서의 보상이란 뭘까? 본인이 제공한 시간, 노력, 기회비용에 상응하는 대가다. 이에 관해 가끔 주니어들과 의견을 나눌 때가 있다. 희망 연봉이 얼마인지 물어보면 대부분 터무니없는 금액이 나오곤 한다. 그러면 거꾸로 질문을 해본다.

"본인이 고용주라면 그 연봉을 주고 본인을 고용하겠습니까?" 대부분 아니라고 답한다. 본인도 줄 수 없는 연봉을 요구하는 아이러니가 MZ세대에게는 있는 것이다.

최근 공공 부문에서 조직원 이탈 현상이 꾸준히 늘고 있다. 그러다 보니 시험 경쟁률은 내려가고 퇴직 추이는 올라간다. 퇴직 사유를 보면, 보수적인 조직문화, 악성 민원, 과다 업무 등이 제기된다. 보수적인 조직문화나 악성 민원을 조직에서 고칠 수 없다면 과다 업무라도 해결해야 하지 않을까. 이는 조직에서 구성원을 제대로 살피지 못했기 때문에 발생한 문제다.

공기업에서는 직원들에게 파격적인 인센티브를 주기 어려우므로, 승진으로 보상을 주기도 한다. 하지만 이런 보상의 전제 조건은 역시 구성원들이 수용할 수 있는 평가 체계를 갖추는 것이다. 구성원들의 공감대가 없으면 역효과를 일으킬 뿐이다. 기업이나 공공 부문에서 특별 승급이나 핵심 인재 등의 보상 체계를 운용하는데, 핵심 인재 5퍼센트를 살리기 위해 열심히 일하는 95퍼센트의 상실감을 해결한 방안이 없으면 핵심 인재 프로그램은 하지 않는 게 낫다. 그래서 인사혁신처에서는 특별 승급의 요건을 완화하거나 3년 이상 장기 성과를 평가하거나 승진 심사 시 근무 경력 요소를 축소하는 등의 개선 방안을 발표하기도 했다.

요즘 자신의 역량을 보여주는 공공 부문의 젊고 똑똑한 공무원들이 많다. 하지만 개인의 역량과 노력에 기대는 부분이 크기에 우려가 된다. 공공 부문에서도 개인의 역량에만 기대지 않는 인재 육성 방향을 구축해야 하고, 합리적인 공무원 인재상을 정립해 채용, 평가, 승진, 보상 등 인사 체계에 일관된 기준을 적용해야 한다. 인사처에서 발표한 공무원 인재상은 국민과 소통하고 공감하는 사람, 국가에 헌신하는 열정적인 사람, 창의적 사고로 변화에 대응하고 혁신을 이끄는 사람, 윤리의식을 갖춘 청렴하며 책임 있는 사람이다. 이는 공무원뿐만 아니라 어느 기업에서나 선호하는 인재상이지만 이런 인재가 하늘에서 뚝 떨어지지는 않는다. 회사에서 원하는 인재를 만들기 위한 노력과 시간과 비용을 제공해야 한다. 앞서 이야기한 인재 육성 방법을 잘 실천하고, 이어서 성과를 도출하기까지의 과정을 주시했다면 그에 합당한 공정한 평가까지 이루어져야 건강한 소통을 기반으로 한 단단한 조직이 탄생할 수 있다.

이 시대의 성과 관리란 무엇인가

올바른 성과 관리를 위해서는 제대로 된 개념부터 정립해야 한다. 성과란 무엇일까? 숫자로 보여주는 영업 이익? 대응한 고객 수? 계약한 거래처 수? 성과의 사전적 의미는 과업, 기능을 수행하거나 성취하는 행동이나 과정을 뜻한다. 또는 개인이 조직의 목표를 이룰 수 있도록 돕는 행동적·평가적·다차원적 수준이며 투입에서 목표 달성까지 효과적인 업무 추진 과정을 바탕으로 달성된 업무의 결과와 목적 달성 수준을 말하기도 한다.

조직의 성과를 설계하고 관리하기 위해서는 조직이 추구하는 가치Value, 중장기 목표Goal, 외부 환경Environment을 파악해 전략을 수립해야 하며 이러한 기준이 없는 조직은 방향타 없는 배라고 할 수 있다. 성과를 관리한다는 건 무조건 1등을 하자는 말이 아니다. 항상 우리 팀원이 최고의 조직원일 수 없고, 최저의 조직원일 수 없다. 성과 관리의 취지는 현재 단계에서 다음 단계로 올라갈 수 있는 동기를 주는 것이다. 그 동기로 역량을 키우고 성과를 만들어내는 건 개인의 몫일 뿐이다. 리더의 역할은 다음 단계로 이끌어주는 것이다. 1단계에서 7단계로 가는 것이 아니라 차근차근 단계를 밟아 올라가는 것이 성과 관리다.

대학원을 예로 들면, 석사는 보통 2~3년이 걸리고 박사는 보통 3~4년이 걸린다. 한 학기는 15~16주, 100일 정도다. 이때 2~3년, 3~4년을 목표로 잡지 않고 학기마다 지도학생들과 일대일로 코칭을 한다. 한 학기 단위로 코칭하고 프로세스를 만들어간다. 과정을 즐기지 않고 장기적인 목표만 생각하면 동기를 유지하기가 어렵다. 작은 목표를 하나씩 이루면서 진행해야 훨씬 더 성취감을 느끼고 최종 목표를 향해 달려갈 수 있다. 성과 관리에서도 거창한 목표를 잡고 목표에 성공했느냐 실패했느냐만 평가하는 건 의미가 없다. 중간중간 모니터링을 해야 피드백을 주고 의견을 반영할 수 있다. 그래서 성과 관리는 개인 단위에서도 팀 단위에서도 굉장히 중요한 단계라고 할 수 있다.

단, 공공 부문은 존재 의미 자체가 민간 기업과는 다르기 때문에 성과 관리 시스템도 달라야 한다. 민간 기업의 성공 기준은 보통 매출액이지만 공공 부문은 각 부서의 특성에 따라 성공 기준이 다르다. 공공 부문에서는 성과 중심의 인사 관리를 하기 위해서는 어떤 시도를 할 수 있을까 고민이 필요하다.

성과 중심 인사 관리는 채용부터 보수, 승진에 이르는 인사 전 영역에 성과 중심 문화를 확산하며 정착시켜야 한다. 공정하고 객관적인 평가를 통해 성과가 우수한 구성원에게는 특별 승진, 포상, 희망 보직 이동, 교육 훈련 기회 부여 등 다양한 인사상 우대를 줄 수 있다. 성과가 저조한 구성원은 조직 밖으로 퇴출하는 것이 아니라 평가자와의 면담을 통해 진단, 코칭, 컨설팅 등을 실시하고 성과를 높일 수 있도록 지원해야 한다. 이를 통해 개인의 역량이 향상되고 조직이 발전할 수 있으며, 건강한 기업 문화가 자리 잡을 수 있다.

그렇다면 성과 중심 인사 관리의 첫걸음이 되는 성과 평가는 어떻게 해야 할까? 먼저 성과 목표를 설정하고 성과 계획서를 작성하는 것부터 시작한다. 그다음 목표에 대한 진행 상황과 중간 결과, 장애 요인 등을 점검한다. 이어서 성과 계획서, 중간 점검, 면담 기록에 근거해 근무 실적과 직무 수행 능력을 객관적으로 평가하며 평가 결과에 대해 적절한 피드백을 나누는 것으로 마무리한다. 이때 가장 중요한 것은 단계마다 평가자와 피평가자가 면담을 진행해 지속적으로 의견을 교류하고, 공정한 성과 평가의 가장 중요한 책임자인 평가자가 이러한 절차와 방법들을 정확히 숙지하는 것이다.

실제 기업에서는 어떻게 성과 관리를 운영하고 있을까? 2016년 호치민에서 선정한 가장 일하기 좋은 기업 1위는 구글이었다. 구글은 지속적인 커뮤니케이션을 기반으로 목표를 수립·공유하고, 단면적 평가를 통해 성과에 대한 보상을 제시한다. 세계 최고의 컨설팅 업체 딜로이트 역시 팀 리더와 팀원이 매주 한 번씩 면담을 진행해 팀원의 업무 몰입도를 높였다. 딜로이트 수석이자 HR 전문 컨설턴트인 조시 버신도 성과 관리란 최종 완료된 일을 체크하는 것이 아니라 업무 과정 중 수시로 대화하며 더 나은 대안을 만드는 활동이라고 했다.

성과 관리는 어떻게 이루어지는가

성과 관리의 프로세스는 다음과 같다. 1단계 목표 설정, 2단계 성과 모니터링, 3단계 성과 평가, 4단계 피드백 및 활용이다. 1단계 목표 설정에서 각 조직은 핵심 성과 지표 KPI를 바탕으로 핵심 성공 요인 CSF, 전략 목표, 비전, 미션을 설정한다. 이를 통해 성공을 양적으로, 질적으로 제시하는 지수부터 조직의 존립 이유까지 아우르는 다양한 목표를 설정할 수 있다.

2단계 성과 모니터링은 공정한 판단을 내릴 수 있는 지속적인 데이터를 수집하고, 성과 목표와 연결된 객관적이고 구체적인 정보를 기록하고, 관찰 가능한 행동을 기반으로 결과를 관찰하는 등 성과를 확인할 수 있는 지표를 수집하는 과정이다.

3단계 성과 평가는 모니터링한 성과 데이터에 대한 구성원의 신뢰를 바탕으로 해야 하며 목표 설정 또한 합리적이어야 한다. 성과를 평가할 때는 주의할 사항이 여섯 가지 있다. 후광 효과, 하나를 잘하면 다른 것도 잘할 거라고 판단하지 말자. 대비 오차, "우리 때는 말이야"가 전형적인 대비 오차다. 자기 경험을 기준으로 현재를 평가하지 말자.

고정관념, 컴퓨터를 전공한 사람은 기획 업무는 맞지 않을 것이라 미리 확신하지 말자. 첫인상 효과, '저 사람은 옷을 잘 입으니 일도 깔끔하게 잘하겠지'라고 생각하지 말자. 긍정적인 방향이든 부정적인 방향이든 성과 평가에 오류를 일으킬 수 있다. 개인적인 편견, 이유도 없이 누군가가 마음에 안 든다거나 저 사람은 내가 싫어하는 타입이라고 편견을 가지지 말자. 기억 오차, 내 기억에 무조건 확신을 가지지 말고 대화를 나누며 차근차근 짚어가자. "자네 분명 그때 그렇게 말했어"라고 확신에 차서 말해도 오류일 수 있다. 이 여섯 가지 주의 사항은 개인 차원의 노력도 필요하지만 조직 차원의 교육과 제도적 측면에서의 보완도 중요하다.

평가 결과가 나왔으면 피드백이 필요하다. 4단계 피드백은 결과를 통보하거나 칭찬이나 비난하기 위한 것이 아니라, 개선의 여지를 파악하고 상호 신뢰를 바탕으로 건설적인 성과 관리를 구축하는 과정이다. 가장 효과적인 피드백은 행동에 초점을 맞춰 개별적인 피드백을 제공하는 것이다. 분위기를 띄우기 위해 거짓으로 칭찬하지 말고 객관적 사실을 중심으로 구체적인 피드백을 줄수록 좋다.

피드백은 장려 사항에 대한 부분과 개선 사항에 대한 부분이 있는데, 고성과자는 장려 사항의 비중이 높을 테고 저성과자는 개선 사항의 비중이 높을 것이다. 두 가지 피드백을 모두 줄 때는 개선 사항을 먼저 주는 것을 추천한다. 대부분 평가자는 장려 사항을 먼저 주려고 하지만 평가받는 사람은 개선 사항을 먼저 듣고 싶어 한다. 또한 마무리가 장려 사항으로 끝나야 동기 유발에 더 긍정적인 효과를 준다. 평가하는 입장에서는 먼저 장려 사항을 말해 분위기를 풀고 싶겠지만 칭찬에서 비판으로 떨어지는 것이 더 기분이 나쁘다. 그리고 어떤 피드백이든 마지막 피드백이 기억에 오래 남는다.

피드백은 꼭 기록으로 남겨두자. 정리해서 이메일로 공유하거나 시간이 없다면 평가 대상자가 이해한 합의 사항을 작성해서 보내라고 요청한 뒤 정리한다. 기록을 남기지 않으면 지나가는 말로만 끝나버리기 때문에 나중에 문제가 제기되었을 때 방어하거나 독촉하거나 북돋우기가 쉽지 않다. 기록은 성과 관리를 잘 마무리하기 위한 마지막 지침이다.

평가란, 꼭 리더가 부하 직원을 평가하는 것만은 아니

다. 조직 내에서 동일한 위치에 있는 동료들도 서로를 평가하는데, 함께 실무를 하는 사람들의 평가이기 때문에 더욱 냉정할 수도 있고 더욱 실용적일 수도 있다. 다양한 오디션 프로그램을 보면, 경쟁자들이 서로를 평가할 때 심사위원보다 더 솔직하고 더 냉정한 평가가 이루어진다.

흔히 동료 평가라고 하면 객관성에 의문이 들 수도 있다. 친하면 더 좋은 평가를 하지 않을까, 감정이 엮여 있을 텐데 공정한 평가라고 할 수 있을까, 친밀도에 따라 평가 순위를 매길 뿐인 것이 아닐까, 차라리 등급 평가가 더 객관적인 것이 아닐까 등등. 그렇기에 동료 평가의 핵심은 어떤 동료를 선정해 평가하는가다. 평가하는 동료를 선정하는 방식이 동료 평가 시스템의 핵심이다. 시스템만 잘 안착되면 좀 더 객관적으로 의견을 수렴할 수 있다.

상사 평가와 본인 평가의 차이가 클 경우, 그 부담은 직원이 아니라 리더가 져야 한다. 하지만 동료 평가는 본인 평가보다는 상사 평가와 유사한 경우가 많다. 동료 평가를 실시하고 본인 평가와 비교해서 데이터를 알려주면 나를 평가한 동료가 누구인지 모르기 때문에 불만의 대상이 리더나 평가한 동료에게로 전가되지 않고 좀 더 자연스럽게 수긍한다.

성과 관리는 목표 설정과 실행과 연결되어 조직 구성원의 사기를 진작시킬 수 있는 중요한 프로세스다. MZ세대가 원하는 공정하고도 객관적인 성과 관리, 성과 평가야말로 최근 늘고 있는 퇴사율에 대한 해결책이 될 수 있다. 리더에게도 조직 구성원을 이끌어가는 좋은 도구가 될 것이다. 이제, 리더를 위한 성과 관리에 대해서 알아보자.

리더를 위한 성과 관리

대기업이나 기관에서는 성과 평가 시스템을 회사 내부에서 기획하고 만들지는 않는다. 전문 업체에 맡겨 직무 분석부터 평가 피드백까지 체계적으로 시스템을 만들지만 실제로 촘촘하게 적용하기에는 어려운 부분이 있다. 성과 평가는 주로 업적 평가와 역량 평가로 나뉘는데, 직급별로 비중을 똑같이 주어야 할지, 직급이 높을수록 업적을 올릴지 역량을 올릴지 등 상황에 따라 달라지기 때문이다. 일반적으로 업적 평가는 직급이 높을수록, 수치화할 수 있는 직급일수록 더 비중을 주면 좋다. 이에 비해 역량 평가는 직급이 낮을수록, 수치화할 수 없는 직급일수록 더 비중을 주는 것이 좋다. 직급에 상관없이 똑같은 비중을 주면 이 또한 공정성의 문제가 생길 수 있다.

전통적인 성과 평가는 주로 공식적으로 평가한 뒤 피드백을 주고 과거의 회고에 초점을 주었다. 또한 개인별로 성과 목표를 지켰을 때만 보상이나 승진 등의 보상 체계를 마련했다. 하지만 현재의 조직에는 어울리지 않는 방식이다. 성과 관리는 지속적으로 이루어져야 하며 비공식적인 피드백을 제공해야 한다. 또한 과거보다는 미래의 계획에 초점을 맞추고 조직의 목표에 정렬된 개인의 목표를 수립해야 한다.

전통적인 성과 평가가 지속적인 평과 관리로 바뀌면 조직 구성원끼리 보상을 두고 경쟁하기보다는 조직의 목표를 이루기 위해 협업하고, 연 단위로 움직이는 것이 아니라 기민하게 상황에 반응할 수 있으며, 피드백에 대한 수용성도 높일 수 있다. 리더와 조직 구성원 간에 의사소통 또한 원활해질 것이다.

리더가 성과 관리를 잘하기 위해서는 우선 스마트한 목표를 설정해야 한다. 목표 설정 이론에 따르면 목표의 난이도와 목표의 구체성이 성과에 가장 큰 영향을 미치기 때문이다. 이상적인 성과 달성을 위해 구체적이고 도전적인 목표를 설정해야 한다.

심리학자들은 "목표와 계획을 혼동하지 말라"라고 조언한다. 예를 들어, 친구들을 불러 집들이를 한다고 하자. 이때 '집들이 준비 마치기'는 계획이 아니라 목표다. 집들이 준비를 10시부터 시작했는데 시간이 남으면 다른 걸 하다가 막상 약속 시간이 되면 정신없이 바빠 허둥지둥하게 된다. 하지만 목표와 계획이 확실한 사람은 시간별로 할 일을 계획한다. 1시간 단위든 30분 단위든 해야 할 일을 쪼개 놓는다. 이것이 목표를 이루기 위한 계획이다.

성과 관리와 목표 설정도 마찬가지다. 목표와 계획을 분리해야 한다. 누가 봐도 이해할 수 있도록 구체적인 수치를 포함한 목표를 정하고 현재 상태와 측정 방법을 정량화한 뒤 구체적으로 계획을 짜고 목표를 향해 나간다. 중장기 목표도 중요하지만 어떤 목표든 작게 나누는 게 더 실현 가능성을 높여준다. 결국, 자신의 목표를 성공과 실패의 이분법적인 단어로 평가한다는 건 계획 없이 목표만 있었다는 말이다.

평가에는 상대평가와 절대평가가 있는데, 상대평가는

평가 기준을 개인에 두며 조직 내 경쟁에 영향을 주고, 절대평가는 평가 기준을 개인의 기대 수준에 두며 시장 내 경쟁에 영향을 준다. 우리나라 기업에서 선택한 평가는 주로 상대평가였다. 직원 모두에게 S를 줄 수 없으니 차등을 두지만 우리나라 구조에는 적합하지 않다.

우리나라는 천연자원은 부족하지만 우수한 인적자원을 가진 나라다. LG전자의 미국 법인에서 휴대폰을 수리하는 기술을 가진 직원 중 한국 사람은 미국 사람보다 다섯 배 정도 생산성이 높았다. 성과 측면에서 동기부여도 다르고 역량도 다르기 때문이다. 한국 사람은 4시 50분에 수리 물량을 실은 컨테이너가 도착하면 '아, 오늘은 좀 늦겠구나' 하고 야근을 준비하는데 미국 사람은 4시 55분에 이미 장갑을 벗고 퇴근을 준비한다. 그러니 회사에서는 생산성이 높은 한국 사람을 채용할 수밖에 없다.

이렇듯 우리나라의 장점은 과거에서부터 가지고 있던, 그리고 미래에도 중요할 가치인 인적자원이다. 이 인적자원을 긍정적으로 활용해 목표를 달성하도록 지원해야 하는데 내부에서 경쟁하고 자신의 보상만 중요시하면 불만만 터져 나올 뿐이다. 기업에서도 점차 상대평가에서 절대

평가로 변화하고 있다.

명확한 목표를 설정하고 절대평가를 기준으로 삼았다면, 리더는 적시에 피드백을 주는 것을 잊지 말아야 한다. 다시 한번 말하지만 지금의 젊은 직장인들은 공정성을 중요시한다. 여기에는 즉각적인 인정과 보상, 정보의 투명성이 요구된다. 그렇지 않으면 동기부여가 되지 않고 회사에서 열정적으로 일할 이유가 없어지기 때문이다.

Q 묻고

A 답하기

공무원의 경우, 순환 보직인 관계로 팀장이 보고서를 작성하고 실무까지 하게 되는데, 그 경우 직원들이 업무를 등한시한다. 이럴 때 팀장이 체면도 살리면서 실무자의 역할을 배분할 수 있는 방법은 없을까?

팀장은 직접 보고서를 만드는 게 아니라 내용을 알고 팀원들이 작성할 수 있도록 이끌어야 한다. 그래서 팀원이 보고서를 작성해 오면 컨펌하는 게 아니라 방향성을 공유하고 피드백을 주고 설정 자체를 함께 공유해야 한다. 그렇지 않으면 내용이 겉돌게 된다. 팀장이 보고서 자체를 쓰는 건 효율성이 떨어지는 일이다. 순환 보직이 활성화되어 있는 곳은 인수인계 시스템을 강화해 업무를 직원에게서 직원으로 인계하고, 팀장은 전체를 아우르도록 하자.

리더에게는 관리자의 역할뿐만 아니라 실무 능력도 중요하다. 하지만 아직도 리더에게 '소통'과 '관계'만 요구하는 기존 조직문화에서 가장 시급하게 고쳐야 할 점은 무엇일까?

우리가 DX 시대에 살고 있음을 잊어서는 안 된다. 일터에서 반복되는 대부분의 업무는 이미 AI가 실행하고 있으며, 앞으로는 상상하지 못한 업무까지 AI가 도맡을 것이다. 이처럼 일상적인 업무에서 쌓이는 부담에서 벗어났으니, 사람들은 실무와 관리 영역을 넘나들며 AI가 수행할 수 없는 업무에 투입되어야 한다. AI는 인간이 입력해야만 무언가를 수행할 수 있다. 하지만 인간은 누군가의 명령이 없어도 두루 살필 수 있는 영역이 있다. 그런 영역을 찾아 적합한 의사결정을 하며 업무를 수행하는 것이 휴머노이드 시대에 대비해 인간의 우월성을 키울 수 있는 비결이다. 따라서 DX 시대의 리더들은 선수 겸 코치, 즉 플레잉 코치처럼 일터에 뛰어들어야 한다. 필요하다면 경기에서 직접 뛸 수도 있고, 시의적절하게 팀원들을 모니터링하고 의견을 줄 수 있어야 한다. 조직 차원에서도 단지 소통을 잘하고 상사와의 관계를 잘 유지하는 직원이 아니라, 플레잉 코치처럼 일할 수 있는 리더를 키워야 한다. 직무에서는 프로, 소통에서는 코치로 활동할 수 있는 복합 역량이 필요한 시점이다.

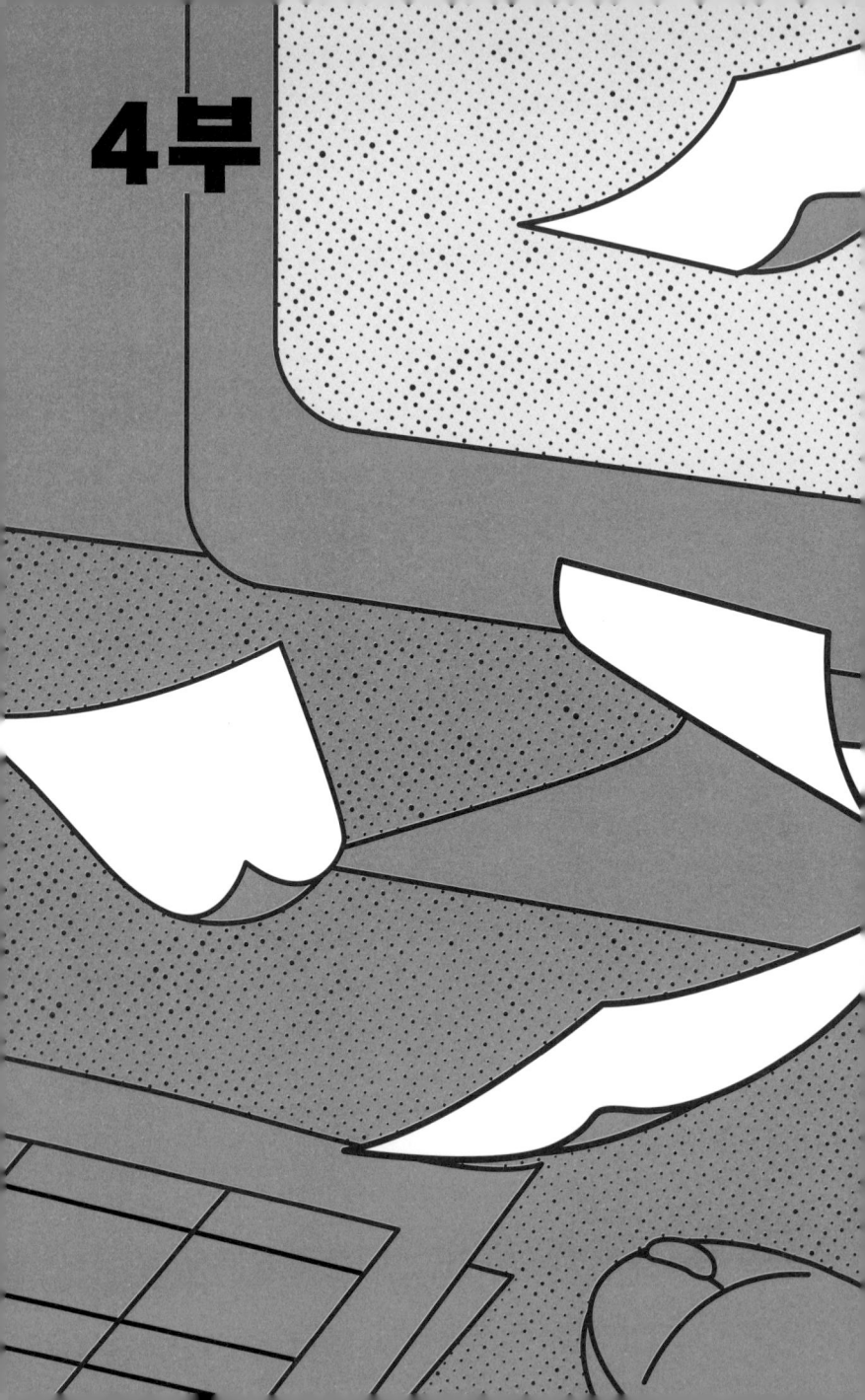

밀레니얼 리더들이 놓인

격동의 일터

AI는 이제 인지하기 힘든 속도로 세상의 모든 것을 바꾸고 있다. 일터는 그 영향이 가장 크게 미치는 곳이다. DX 시대의 속도를 따라가기 위해서는 조직에서 환경 적응력과 회복 탄력성을 가져야 한다. 이 과제를 해결하는 데 앞장서야 할 중간관리자가 이제 밀레니얼 리더들이다.

앞으로 함께 일할 동료, AI입니다

일의 현장이 달라지다, DX 시대

현대사회를 살아가는 모두가 체감하듯 우리를 둘러싼 환경의 변화 속도는 빠르다 못해 시시각각 변화해 따라가기조차도 어렵다. 이런 시대에 어떻게 변화에 발맞춰 살아가야 할까? 아니, 어떻게 해야 그저 따라가지 않고, 앞장서서 사람과 시대를 이끌 수 있을까? 격변하는 환경에서 우리는 고민을 확장해 나가야 할 필요가 있다.

현대를 흔히 DX 시대라고 말한다. DX 시대는 디지털 트랜스포메이션Digital Transformation 시대, 즉 디지털 패러다임에 따른 산업의 경영 전략적 관점에서 조직, 프로세스, 비즈니스 모델, 커뮤니케이션의 근본적인 변화에 중점을 두는 시대라는 뜻이다.

  미국의 마케팅 리서치 기관 포레스터Forrester는 디지털 트랜스포메이션 시대를 정의하기 위해 비즈니스 현장에서 일어난 다섯 가지 디지털 혁신을 설명했다. 첫 번째는 전 세계 기업의 20퍼센트가 디지털 부서를 운영한다는 것이고, 두 번째는 클라우드가 디지털 성장을 지배한다는 것이다. 세 번째는 시간과 장소에 구애받지 않는 상품 구매 환경 구현이며, 네 번째는 ERP를 대체하는 디지털 운영 플랫폼의 등장이고, 다섯 번째는 디지털 전환 서비스가 도출한 결과를 기반으로 가격을 책정하는 것이다.

  지금까지는 사람과 사람 사이의 경쟁이었다면 디지털 트랜스포메이션 시대의 경쟁은 사람과 로봇, 사람과 인공지능 사이의 경쟁이 되어버렸다. 협업 역시 마찬가지다. 사람과 사람 사이의 일뿐만 아니라, 사람과 로봇, 사람과 인공지능의 협업이 필수인 시대다. 디지털 역량이 필요한 이 시대에는 우리의 태도도, 대응도, 경쟁 방식도, 성공 방정식도 다시금 정의해야 한다.

AI, 라이벌이 아닌 파트너로

2021년 SBS에서 신년 특집으로 방영한 〈세기의 대결! AI vs 인간〉에서는 골프AI 엘드릭에 대항해 전 골프 선수 박세리와 22년의 골프 경력을 지닌 배우 김상중이 골프 대결을 펼쳤다. 1라운드에서는 박세리와 김상중이 승리했으나, 2라운드 홀인원 대결과 3라운드 퍼팅 대결에서 엘드릭이 승리하며 2대 1로 엘드릭이 최종 승리를 거머쥐었다. 2라운드에서는 30회의 샷을 쳐서 홀인원을 먼저 하는 쪽이 승리하는 대결을 했는데, 만약 30회가 아니라 300회였으면 결과가 달라졌을까? 아닐 것이다. 오히려 횟수가 많아질수록 엘드릭의 승리 확률이 올라간다. AI는 지치지도 않고 테니스 엘보가 오지도 않기 때문이다.

하지만 체력적으로든, 정신적으로든, 윤리적으로든 AI나 로봇이 사람보다 뛰어난 역량을 보인다고 단정할 수는 없다. AI와 로봇에는 반드시 사람의 손길이 필요하며, 사람이 하는 일에서 더 좋은 결과가 도출될 때도 있다. 따라서 우리가 하는 일 중에 사람이 했을 때 더 나은 결과를 내는 일과 AI나 로봇에게 맡겼을 때 더 나은 결과를 내는 일을 잘 분류하고 판단해 지시해야 한다. 그 과정이 극강의 효율과 최선의 결과를 도출해 낼 수 있다. 그리고 그 과정을 잘 수행해 내는 것이 리더의 역량이자, 리더 본인의 디지털 역량이다.

상상해 보자. 회사에서 업무가 하달되었다. "현장 결재에 ERP 시스템을 강화할 것." 엄청난 예산을 들여서 보고를 올렸는데, 정작 보고받는 리더가 "결재는 결재대로 하고 추가로 대면 보고해"라고 말한다면 어떨까? 리더의 이해도가 부족한 상태에서 ERP 시스템에 돈만 투입한, 예산 낭비의 전형적인 예다. 그렇기에 디지털 트랜스포메이션 시대의 흐름을 파악하기 위한 노력은 상하 구분 없이 필수적이다.

2024년 1월 15일부터 스위스 다보스에서 열렸던 제54회 세계경제포럼의 주제는 '신뢰의 재구축'으로, 주요 화두는 AI의 정확성 고도화 및 신뢰성, 그리고 AI 윤리와 규제였다. 전 세계에서 정상급 리더 60여 명, 주요 기업인과 학계 인사 2,800명이 참여했으며 AI 관련 토론 세션만 스물 네 개 이상이었다. 우르줄라 폰 데어 라이엔 EU 집행위원장은 AI로 인한 허위 정보와 사회적 양극화가 글로벌 비즈니스 커뮤니티에 가장 큰 위험이라고 말했고, 리창 중국 총리는 국가 간 디지털 기술 격차를 줄여야 한다고 강조했다. OpenAI의 CEO 샘 알트먼은 AI 기술로 인해 직무수행 방식에 대격변이 있을 것이라 예측했고, MS CEO 사티아 나델라는 OpenAI와 우호적인 협력을 기대한다고 했다.

AI 기술은 규모에 상관없이 다양한 측면에서 활용되는 중이다. 최근에는 학교 시험에도 AI 기술이 적용되고 있다. 첫 번째 시험은 교재에서 제일 중요하다고 생각되는 내용을 뽑아 학생에게 문제를 내보라고 한다. 출제 방식을 보면 핵심 내용을 파악했는지 알 수 있기 때문이다. 그 문제를 관리 시스템에 올린 뒤, 내가 출제한 게 아닌 다른 학생의 문제 중 주요한 문제를 골라서 답변을 쓰는 것이 두 번째 시험이다. 단, 그 답을 쓸 때는 챗GPT를 활용한다. 세 번째 시험은 챗GPT가 쓴 답을 비판적으로 검토해서 수정하고, 수정의 근거가 되는 선행 연구나 참고 문헌을 인용하는 것이다. 이처럼 AI 기술로 인해 교육의 방식, 시험의 방식까지 완전히 바뀌고 있다.

정보에 접근하는 것 자체가 제한돼 있던 시절에는 머릿속에 지식을 많이 담고 있는 사람을 똑똑하다고 말했지만, 지금은 지식이나 정보를 달달 외울 필요가 없다. 신뢰성 있는 정보를 제대로 파악하고 찾을 수 있는 능력이 더 중요해졌다. AI는 단순노동이나 반복적인 일에만 국한되지 않고 작사, 작곡, 글쓰기 등 인간 고유의 역량이라고 생각되는 창의적인 영역까지 협업이 가능해졌으며 실생활에서도 활발하게 활용되고 있다.

AI의 발전은 보면 볼수록 놀랍다. 이제는 창의적인 영역을 넘어 감정의 표현까지 가능해졌기 때문이다. 그래서 AI가 어디까지 창의적인 영역의 업무를 수행할 수 있는지 구분하는 것보다 어떤 영역에 적극적으로 활용할 수 있을까 고안하는 것이 더 중요해졌다. "우리 일자리까지 AI가 다 가져가는 것 아니야?"라고 걱정할 수도 있지만 AI의 발전은 이제 거스를 수 없는 시대의 흐름이다. 시대의 흐름을 막을 수 없다면 협업을 통해 생산성을 높이고 더 많은 일을 효율적으로 진행해야 하며, 새로운 직무 영역을 창출해 일자리를 유지하거나 늘려야 한다. AI가 우리의 일터에, 그리고 일자리에 어떤 영향을 주는지 살펴보자.

가장 중요한 동료, AI

미국 종합 금융지주사 골드만삭스에서 900개의 직업 중

인간이 하는 작업 유형을 데이터 분석해 본 결과, 자동화에 노출된 직업 중 25~50퍼센트는 AI로 대체될 것이지만 반드시 인원 감축으로 이어지지는 않는다고 판단했다. AI가 노동시장에 미치는 영향력이 크기는 하지만, 대부분은 AI로 대체되기보다는 보완될 가능성이 더 크다는 것이다. AI는 반복적이고 단순한 작업에 활용해 인간의 역량을 확장할 수 있게 도울뿐더러, 실수를 최소화해 데이터 분석과 통계에 뛰어난 성과를 창출할 수 있고, 가설 설정 및 예측에 강해 창의성을 발휘하는 데도 도움을 준다.

《한국의 직업교육훈련정책》에서는 2021년에 초등학교에 입학한 어린이가 취업 시장에 진입할 때쯤이면 취업 인구의 65퍼센트는 현재 존재하지 않는 직업에 종사할 것이라고 했다. 또한 세계 고용의 65퍼센트를 차지하는 주요 15개국에서 향후 5년간 510만 개의 일자리가 소멸하고, 206만 개의 일자리가 창출된다고도 예상했다.

AI로 인해 사라지는 일자리는 분명히 있겠지만 그만큼 새로운 일자리가 창출될 수 있다고 예상한다. 가장 큰 이유는 엔지니어링 병목현상 Engineering Bottleneck, 즉 작업이 누적되면 속도와 성능, 용량이 떨어지는 현상이 발생하기 때문이다. 이러한 현상은 자동화로 해결되기 어렵다. 로봇은 구조화되지 않은 불규칙한 현상을 인식하고 조작하는 업무가 불가능하기에, 우선순위를 파악하거나 고차원의 인식, 조작이 필요한 업무에는 여전히 인간이 필요하다. 또한 인간의 창조적 가치는 계속해서 변화하고 다양하게 발산되므로 AI가 고도의 창조적 지능을 자동화하기까지는 시간이 걸릴 것이다. 협상, 설득, 보살핌 등 사회적 상호작용과 감정의 인식이 필요한 일도 알고리즘으로 재현하기 어려워 이런 역량이 필요한 업무가 존재하는 한 인간의 일자리는 유지되거나 새롭게 창조될 것이다.

혁신 많은 일터에, 신인류의 등장이라?

로봇이 대체할 수 없는 일, 인간관계

로봇과의 협업 범위가 점차 넓어지고 있다. 불과 몇 년 전만 해도 우리가 생각하던 로봇은 딱딱하고 어색하게 움직이는 기계였다. 지금의 로봇은 이런 고정관념이 무색할 만큼 부드럽게 달리고 점프하고 셔플 댄스까지 출 정도로 자연스럽다. 2020년에 현대자동차그룹에서 인수한 보스턴 다이나믹스Boston Dynamics에서 개발한 로봇 스팟이 BTS의 음악에 맞춰 자연스럽게 춤을 추는 영상에 많은 사람이 놀랐다. 대중에게는 로봇의 개발 상황이 자세히 공개되지 않지만, 군사용·산업 현장용 등 다양하게 활용할 수 있도록 빠르게 개발되고 있다. 사람 대신 로봇이 현장에 투입되면 중대 재해도 줄어들 것이고 위험한 사고를 줄여 인명 피해도 줄일 수 있다.

하지만 이는 풍선 효과를 불러일으키기도 한다. 로봇을 사용하는 비용이 사람을 채용하는 비용보다 저렴해지면 직원을 고용하지 않고 테이블에 패드를 놓고 주문을 받거나, 서빙 로봇이 음식을 옮기는 등 사람이 필요한 일자리를 로봇이 대체하게 된다. 이렇게 일자리가 점차 사라지는 것이다.

풍선 효과가 진행되는 과정에 최대한 자연스럽게 적응하기 위해서는 DX 시대를 파악하고 업무의 속성을 살펴볼 필요가 있다. 그중 가장 중요한 것은 조직 탄력성, 개인으로 치면 회복 탄력성 같은 것이다. 업무를 진행하다 보면 돌발 상황이나 예상하지 못한 문제가 발생하곤 하는데, 이때 유연하고 효과적으로 대처하는 능력이 조직 탄력성이다. 이 조직 탄력성을 뒷받침하는 것은 직원의 역량과 조직 간의 소통, 소통을 통한 빠른 대처, 상하 협업, 유연한 리더십이다.

미국의 컨설팅 업체 베인앤컴퍼니에서 조직의 회복 탄력성 지수를 조사한 결과에 따르면, 회복 탄력성 지수가 높은 조직은 생존율이 60퍼센트에 달했지만 회복 탄력성 지수가 낮은 조직은 생존율이 35퍼센트밖에 되지 않았다. 기업의 생존을 결정짓는 조직의 회복 탄력성을 구축하기 위해서는 네 가지 원칙에 주목해야 한다. 바로 해결, 소통, 민첩성, 권한 위임이다. 이는 리더의 주도하에 팀원들이 함께 만들어가는 상호 관계에서 단단하게 쌓을 수 있으며, 리더의 역량이 부족하거나 팀원이 리더를 신뢰하고 따르지 못한다면 절대 이뤄낼 수 없다.

조직 탄력성의 좋은 예를 보여주는 기업 중에 글로벌 운송회사 페덱스가 있다. 페덱스는 물류 산업에서 후발 업체

| 조직의 회복 탄력성 구축을 위한 네 가지 원칙

였지만, 경쟁에서 타사보다 우위를 차지하며 세계적인 운송회사로 자리매김했다. 페덱스는 운영 철학부터 남달랐다. 페덱스의 운영 철학은 'PSP'로, P는 People(직원), S는 Service(서비스), P는 Profit(수익)을 뜻한다. 직원에게 일하기 좋은 환경을 제공하면, 직원은 고객에게 향상된 서비스를 제공하고, 궁극적으로는 회사의 수익 창출로 이어진다는 신뢰의 철학이다.

페덱스는 운영 철학을 겉으로만 내세우는 게 아니라 사내 지원 제도 및 자기계발 제도 등 구성원 중심의 제도를 활성화하며 실천하고 발전시켰다. 그리고 이런 선순환 구조 덕분에 페덱스는 후발 업체임에도 시장 점유율을 크게 높일 수 있었다.

조직 탄력성을 높이기 위해서는 회사의 구조와 방향성도 중요하지만, 그 이상을 실현할 수 있는 인재의 역량 또한 중요하다. 그렇기에 리더는 인재의 핵심 역량을 육성하는 데 집중해야 한다. 하지만 인재란 도대체 무엇일까? 회사에 필요한 인재는 어떤 역량을 갖춰야 하며, 누구나 탐내는 인재는 어떤 역량을 갖추고 있을까?

여기서 조직에 등장한 신인류, 호모 파덴스^{Homo Fadens}라는 개념을 소개한다. 인간은 호모 사피엔스에서 시작해 시대의 흐름에 따라 여러 가지 유형의 인간상을 만들어왔다. 그중 이 시대에 의미 있는 인재로 호모 파덴스를 꼽는다. 이는 놀이를 추구하는 인간 호모 루덴스Homo Ludens와 의미를 추구하는 인간 호모 파베르Homo Faber의 합성어로, '의미 있는 목표에 재미있게 도전하는 인간'이란 뜻을 가진다. 조직에서 미래를 이끌어갈 핵심 인재는 의미 있는 목표에 재미있게 도전하는 인간, 호모 파덴스가 될 것이고 호모 파덴스를 영입하기 위해서는 의미와 재미를 동시에 잡아야 한다.

피해야 할 팀원 VS 꼭 필요한 인재

조직에 필요한 호모 파덴스를 알아보기 전에 반드시 피해야 할 세 가지 유형의 팀원을 먼저 살펴보자. 첫 번째 피해야 할 유형은 할 일을 주면 키워오는 사람들이다. 이런 유형은 뜻밖의 상황을 만들어내기에 위기 대처 능력이 뛰어나기도 하고 긍정적 성격을 갖고 있기도 해서 장점이 있긴 하다. 두 번째 유형은 일을 열심히 하는 것처럼 보이지만 무슨 일을 하는지 아무도 모르는 사람들이다. 그나마 이들은 일하지 않으니 사고도 치지 않는다. 세 번째 유형은 일은 하지만 딱 맡은 일만 하는 사람들이다. 이들은 마음에 들지 않는 일을 시키면 불만이 가득한 표정으로 자리에 앉아 티를 내니 일을 시키기도 불편하고, 역량을 키워줄 수도 없다.

인재는 역량을 가진 사람이다. 역량이란 특정 직무를 성공적으로 수행하기에 필요한 능력으로 지식, 기술, 태도를 말한다. 좀 더 자세히 살펴보면, 지식은 업무에 활용하는 관련 정보, 지식, 인사이트를 말하며, 기술은 학습 툴과 기술, 과정을, 태도는 업무 수행 시 태도와 마음가짐, 행동 방식을 말한다. 지식과 기술, 태도는 각각 따로 존재하는 것이 아니라, '지식×기술×태도'의 관계다. 더하기가 아니라 곱셈의 개념이다. 어느 하나라도 0이 되어버리면 모두가 0이 되는 관계인 것이다.

예를 들어, 한 직원이 지식과 기술이 무척 뛰어나다고 하자. 어려운 시험과 면접을 보고 회사에 합격했다. 그런데 입사하고 보니 이 직원이 태도가 좋지 않다. 그런 사람이 한 명 있으면 역량은 더하기가 아니라 곱셈의 개념이기 때문에 그 직원의 역량만 떨어지는 게 아니라, 팀 자체에 엄청난 역효과를 가져올 수 있다. 직원들과의 관계가 불안해

지고 팀 분위기도 나빠지며, 결국 조직에도 영향을 미친다. 태도는 단기적인 역량이 아니라 장기적으로 쌓아가야 하는 역량이다. 오랜 시간 업무를 하면서 성과를 내고 컨디션을 유지하는 것, 어떤 환경에나 적응하는 태도는 업무뿐만 아니라 조직과 개인의 인생에도 영향을 미친다.

그다음으로 기술은 현장에서의 경험으로 쌓을 수 있다. 피자를 먹는 모습을 상상해 보자. 그저 배를 채우기 위해 허겁지겁 피자를 베어 물 수도 있다. 하지만 어떤 사람은 재료와 크기, 도우의 형태와 굽는 방식 등의 기술을 고민하며 피자를 먹기도 한다. 더 나아가 '피자 크기가 세계대전 이후의 경제 호황과 맞물려 있구나, 화덕 피자가 맛있는데 지금은 왜 없어졌지? 아, 환경 규제 때문이구나' 등등 지식과 연결할 수도 있다. 하지만 요리에 관한 지식이 있어야만 맛있는 음식을 만들 수 있을까? 그렇지는 않다. 그 지식을 활용할 수 있는 기술이 있어야만 맛있는 요리를 만들 수도 있고 즐길 수도 있다.

이는 요리사에게만 국한된 이야기가 아니다. 아무리 뛰어난 학력과 자격증이 있어도 현업에서 경험을 쌓는 사람들을 따라가기 힘든 이유가 바로 기술의 문제다. 지식을 가진 사람은 많은 정보를 줄 수는 있지만, 기술이 뒷받침되지 않는다면 곧이곧대로 수긍하기도, 신뢰하기도 어렵다. 지식을 바탕으로 기술까지 가진 전문가의 조언이라면 당연히 긍정적인 반응을 도출할 수 있다.

따라서 인재에게는 지식과 함께 실제 성과를 만들어내는 기술이 중요하다. 이는 리더가 함양해야 할 리더십에도 비슷하게 적용된다. 리더십을 공부하는 사람은 많지만, 관련된 글들을 보면 실제로 회사에서 근무하면서 상사와 옥신각신해 본 전공자는 그리 많지 않은 듯하다. 리더십이란 실제 경험이 바탕이 되지 않으면 실무자로부터 공감받기 어렵다. 현실은 책에서 배우는 지식과는 무척 다르기 때문이다.

호모 파덴스의 일곱 가지 핵심 역량

그렇다면 본격적으로 DX 시대에 필요한 핵심 역량 일곱 가지를 알아보자. 이는 생존을 위한 경쟁의 방식보다는 공존을 위한 협업을 모색하는 방향으로 기준을 잡았으며, 인간과 AI에 대한 현 시점의 이해도를 바탕으로 정리했다.

호모 파덴스의 핵심 역량 ① 학습 민첩성

지금 우리가 알고 있는 지식은 유통기한이 짧다. 빠르게 변화하는 사회에 대처하기 위해서는 적시에 필요한 지식을 배울 수 있는 능력이 중요하다. 또한 그 새로운 지식을 유연하게 실천하고 적용할 수 있어야 한다. 이는 업무뿐만 아니라 우리가 생활하는 모든 분야에 상관없이 적용되는 능력이다. 과거에는 맡은 역할과 환경에서 성과를 내는 것이 중요했지만, 현재는 역동적이고 불확실한 환경에서 경험을 쌓고 민첩하게 적응하는 것이 중요해졌다.

그래서 최근 등장한 메시지가 바로 "워라밸을 원한다면 워러밸을 갖춰라"다. 회사를 선택하는 데 워라밸이 가장 중요한 사람들이 있다. 이들은 급여가 적어도 저녁의 여유가 중요한 사람들이다. 워라밸은 당연히 중요하다. 하지만 워크Work, 라이프Life, 밸런스Balance가 유지되려면 전제 조건이 하나 있다. 저녁이 있는 삶, 즉 정시 퇴근을 위해 우리가 맡은 일을 기대한 수준에 맞게 시간 안에 끝낼 수 있는 역량이다. 그래서 워크 러닝 밸런스Work Learning Balance가 필요하다. 노력도 없이 성과도 없이 워라밸만을 주장하면 조직 내에서 갈등이 생길 수밖에 없다. 이런 갈등을 흔히 꼰대와

MZ의 갈등이라고 보지만 세대 차이에 의한 갈등만이 아니라 역량에 대한 관점 차이로 일어나는 갈등으로 봐야 할 필요도 있다.

DX 시대에는 회사 차원에서 구성원이 해야 할 일을 발전^{Upskill}시키고 재정립^{Reskill}해야 한다. 우리나라 유명한 다이어트 컨설팅 회사의 업무 분석표를 보면, AI 도입 전에는 데이터 관리 업무를 맡는 직원이 별도로 존재했지만 AI 도입 이후에는 데이터 관리 업무를 인공지능의 업무로 분리했다. 대신 인공지능 프로그램 관리 및 컨설팅 업무는 직원이 맡고 회사에서는 직원에게 기술 교육을 제공한다.

기업 및 기관이 디지털 기술 전환을 적용하는 데 실패하는 가장 큰 이유는 인공지능의 완벽함을 지나치게 신뢰하기 때문이다. 인공지능을 도입했으니 당장 데이터 관리 업무의 효율이 올라갈 거라고만 기대한다. 하지만 인공지능은 알아서 데이터를 관리하고 업무를 진행할 수 없다. 데이터 관리에서 효율성을 높이려면 기존에 데이터 관리를 하던 직원들은 유관한 직무의 AI 프로그램 관리나 AI 프로그램 컨설팅 쪽으로 직무를 전환 배치하고, 교육의 기회를 제공하고, 부가가치를 높이면서 보상 체계를 만들어야 한다.

직무를 재설계하기 위해서는 잡 크래프팅^{Job Crafting}, 즉 개인이 주도적으로 일의 목표와 의미를 더 넓고 깊게 재정의하는 과정이 필요하다. 한국경제연구원의 의뢰로 모노리서치에서 청년 일자리 인식을 조사한 결과에 따르면, 원하는 직장에 취업할 가능성에 대해 매우 낮음이 10.9퍼센트, 낮음이 58.6퍼센트, 높음이 24.3퍼센트, 매우 높음이 4.3퍼센트였다. DX 시대를 살아갈 청년들의 입장에서 일자리에 대한 전망은 암울하고 원하는 일도 할 수 없는 어려운 시기다. 그렇기에 더욱더 업무의 난이도와 범위를 조정하고, 고객과 동료와의 관계를 재구축하고, 업무에 긍정적인 의미를 부여해야 한다. 그래야 업무에 몰입하고 직무에 만족할 수 있다.

에버랜드는 놀이기구에서 일하는 캐스트들의 근무 기간이 짧은 것이 애로사항이었다. 캐스트라는 직군은 아르바이트가 많지만 고객을 직접 대하는 자리다 보니 교육이나 처우를 무시할 수가 없었다. 단기간 일하더라도 교육을 진행해야 하기에 오랫동안 일할 수 있는 사람을 구하는 것이 항상 고민이었다. 그럴 때 적성에 맞는 캐스트를 뽑으면 추가로 교육하지 않아도 적극적으로 일하고 긍정적으로 고객들과 소통할 수 있다. 그 대표적인 예가 에버랜드 '소울리스 좌'다. 그가 업무에 임하는 자세가 유튜브를 통해 널리 알려지며 에버랜드의 이미지까지 긍정적으로 변모했다. 결국 소울리스 좌는 다른 회사로 이직했지만, 그 덕분에 에버랜드 캐스트에 지원하는 사람들이 많이 늘었다고 한다. 근무 조건이나 급여 수준이 크게 바뀌지 않았음에도 지원자가 늘어났다는 건 그만큼 좋은 캐스트를 뽑을 확률이 높아졌다는 긍정적인 변화다. 결국 잡 크래프팅은 개인의 경력 개발에도 필요하지만 조직에도 도움이 된다.

호모 파덴스의 핵심 역량 ② 디지털 활용 능력

디지털 활용 능력은 환경 변화에 대응해 디지털 기술과 상호작용하면서 문제를 해결하고 성과를 창출하기 위해 지식을 활용하는 역량이다. 개인이 갖추면 좋은 역량이지만 반대로 갖추지 못하면 개인의 문제뿐만 아니라 사회적 부담이 발생하는 역량이기도 하다.

《사피엔스》의 저자 유발 하라리는 AI로 대체될 위험이 있는 직군의 특징이 사실 명확하지 않다고 지적한다. 더불어 지위가 높은 직업, 즉 데이터를 분석하는 일이야말로 AI

로 대체되기 가장 쉽다고 말한다. 반면 몸을 쓰는 일, 사회적 관계망이 필요한 직종은 대체되기 어렵기에 점차 인간만이 할 수 있는 업무에 이목이 집중될 수밖에 없다. 그는 새로운 일자리가 생겨도 이에 고난도 기술이 필요할 것이라고 덧붙였다. 취업 시장에서 가장 중요한 논점은 기존 인력이 재교육을 통해 새로 생긴 직업군에 투입될 수 있는지, 혹은 정부가 대규모 재교육 제도를 만들어서 사람들을 재교육시킬 수 있는지 확인하는 것이라고도 말했다.

사실 거대한 AI 혁명이 하루아침에 일어나지는 않을 것이고, 하룻밤 사이에 직업이 사라지고 새로운 직업이 생기지도 않을 것이다. 앞으로 더 눈부신 AI의 발전을 우리는 목격할 것이며, 전에 없던 큰 혼란이 쏟아질 것이란 예상에도 동의한다. 국가적 차원에서의 지원이 있다면 좋겠지만, 그의 말처럼 사람들은 스스로 AI에 맞는 교육을 진행해야 한다. 그렇지 않으면 직업 시장에서 도태되거나 더 좋지 않은 직군으로 전락할 것이기 때문이다. 유발 하라리는 실업자 수준이 아니라 일을 구할 수조차 없는 무용 계급이 될 수도 있다고까지 말한다. 새로운 경제 구조에서 어떠한 경쟁력도 갖추지 못한 사람들이 늘어나면 재앙이나 다름없는 일이고, 개인과 사회 모두에 심각한 윤리적 문제, 정치적 위기를 초래할 것이므로 엄청난 긴장과 불안이 형성되리라는 예측이다.

당장 AI 시대가 와도 일단 직업 세계에 진입했다면 괜찮다. 기업 또는 기관에서 교육 프로그램과 직무 경험을 제공하기에, 우리는 이를 통해 성장할 수 있다. 가장 우려되는 부분은 아예 취업이라는 진입 장벽을 넘지도 못한 채 직업 세계에 발을 디디지 못하는 사람들이다.

점차 세상은 데이터로 말하고 데이터로 움직일 것이다. 그 데이터를 파악하고 판단하고 분석하고 의사결정을 진행해야 한다. 그렇기에 디지털 역량은 직원에서 조직 모두 함양하는 것이 효과적이다. 인터넷 인식, 온라인 학습 태도, 디지털 효능감, 친화성과 성실성에 모두 영향을 주기 때문이다. 이를 통해 개인과 직무의 적합성을 판단할 수 있고 디지털 기술 기반 직무에 배치할 수 있으며 조직에서는 인재의 효과적인 배치를 이룰 수 있다.

현직자들은 대체로 디지털 기술에 능통한 개발자들과 일하기 어려워한다. 개발자들의 언어와 기획자 및 마케터의 언어가 매우 다르기 때문이다. 개발자들은 단순하고 명확한 언어를 구사한다면, 기획 및 마케팅은 개발자 입장에서는 모호한 개념과 단어로 설명한다. 따라서 그 간극을 줄이는 능력이 기획자, 마케터, 개발자 모두에게 중요하다. 개발자에게 기획자와 마케터의 언어는 이해하기 어려운 대상이나, 시장에서의 영향력을 파악하는 그들의 지식이 개발자에게는 요긴하게 쓰이기 때문이다.

호모 파덴스의 핵심 역량 ③ 소통 능력

디지털 역량은 무조건 전문가가 되기 위한 수준이 아니라 협업이 가능한 수준 정도면 충분하다. 왜냐하면 세 번째 핵심 역량인 소통(커뮤니케이션) 능력이 있으면 얼마든지 부족한 디지털 역량을 보완할 수 있기 때문이다. 커뮤니케이션Communication이란 조직 내 개인과 개인, 개인과 집단, 집단과 집단 간에 필요한 정보를 서로 교환하며 의사를 전달하는 과정이다.

2024년 알바천국에서 Z세대 765명을 대상으로 설문조사를 실시한 결과, 40.8퍼센트가 '콜 포비아' 증상을 겪고 있다고 응답했다. 선호하는 소통 방식 또한 2022년에는 19.9퍼센트가 전화 소통, 59.3퍼센트가 텍스트 소통을 택

했으나, 2024년에는 11.4퍼센트만이 전화 소통을, 73.9퍼센트가 텍스트 소통을 원한다고 응답했다. 여기에서 텍스트 소통은 문자, 메신저, 메일을 이용하는 것이다.

즉, 스마트폰 메신저 앱이 익숙한 Z세대는 모르는 사람에게서 오는 전화를 두려워하고 텍스트를 편하다고 느낀다. 하지만 텍스트 소통에는 한계가 있다. 문장 속 빈틈 때문에 생기는 오해를 방지하고 정확한 의미를 전달하기 위해서는 비언어적 요소가 포함된 대면 소통이 필요하고 대면 소통을 통해 공감 능력을 유지하고 발전시켜야 한다.

심리학자 앨버트 메러비언 교수가 1971년에 출간한 저서 《침묵의 메시지》에서 실험을 하나 소개했다. 교수는 첫 번째 실험에서 말하는 사람이 어떤 메시지를 전하려 할 때 말의 의미와 목소리 톤이 얼마나 중요한지 조사했고, 그 결과 말 자체의 의미보다 음색이 훨씬 중요하다는 결과가 나왔다. 두 번째 실험에서는 음색이나 표정과 같은 비언어적인 요소의 중요성을 조사했는데, 상대방과 나 사이에 별다른 문제가 없다고 말하면서도 상대방의 눈을 피한다거나 얼굴에 언짢은 기색을 보이면 메시지와는 달리 둘 사이에 문제가 있다는 것이다. 두 실험을 종합해 보면, 사람 간의 의사소통에서 언어적인 요소만큼이나 비언어적인 요소가 중요하다는 것을 알 수 있다. 더불어 언어적 요소와 비언어적 요소의 일치가 신뢰에 주요한 영향을 끼친다는 것도 확인할 수 있다.

예를 들어, 우리가 강의를 들을 때에도 이 강의가 들을 만한지 별로인지 세 시간을 전부 듣고 판단하지 않는다. 처음 3분 정도는 강사와 눈을 맞추고, 음색도 가만히 들어보고, 자세와 동작도 보면서 전반적인 분위기를 판단한다. 이렇듯 커뮤니케이션은 언어적인 것뿐만 아니라 비언어적인 측면을 함께 파악해야 한다.

호모 파덴스의 핵심 역량 ④ 문맥 이해력

최근 문해력이 화두가 되고 있다. 문해력은 단지 책을 읽고 정보를 이해하는 데만 필요한 것이 아니다. 빠르게 성장하는 대화형 AI, 챗GPT 등은 사전 정보를 토대로 결과물을 내놓기 때문에 예측이나 전망에 어렵고 가짜 뉴스에 취약하다. 그렇기에 원하는 정보를 제대로 얻기 위해서는 글 전체의 맥락과 의미를 파악하는 훈련이 필수적이다.

호모 파덴스의 핵심 역량 ⑤ 직업 윤리

AI는 아무런 의식 없이 가짜 뉴스를 양산한다. 잘못된 진단을 내리거나 존재하지 않는 논문을 근거로 제시한다. 과학자들도 챗GPT가 제시한 논문 초록을 사람이 썼는지, 기계가 작성했는지 구분하지 못할 정도다. 직업 윤리가 있어야만 데이터에 내재된 잠재적인 편견을 지양하고, 왜곡된 정보가 확산되지 않도록 주의할 수 있다.

호모 파덴스의 핵심 역량 ⑥ 비판적 사고력

가짜 뉴스를 양산하는 AI 정보에서 진실과 거짓을 찾으려면 비판적으로 사고하는 능력은 필수적이다. 인터넷과 소셜미디어에서 만연한 딥페이크 사진과 영상은 범죄에 이용되기까지 하기에 자칫 범죄의 영역으로 넘어갈 수 있다. AI의 활용에서 더욱 주의를 기울여야 하는 이유다. 비판적 사고력을 키우기 위해서는 우선 다양한 관점에서 생각해봐야 하고, 객관적인 증거와 데이터를 교차해 확인해야 하고, 논리적 오류를 발견할 수 있어야 하고, 개인의 편견을 인식해야 하고, 비판에도 열린 마음으로 대응할 수 있어야 한다.

호모 파덴스의 핵심 역량 ⑦ 창의성

AI는 정보의 전달과 가짜 뉴스를 만들어내는 것을 넘어 어느새 창의적인 영역까지 침범하고 있다. 창의력이란 아무것도 없는 무無에서 시작되는 것이 아니다. 어떤 패턴을 파악하고 섬세하게 분해한 뒤 새롭게 조합하는 과정이다. 이제 더 이상 창의력을 인간만의 가진 능력이라고 할 수 없다. 현재의 AI는 현안을 풀기 위해 혁신적인 질문을 제시하고 또 다른 관점에서 탐구해 새로운 해결책을 마련하기도 한다.

2023년 삼성생명에서 업계 최초로 AI로 만든 광고를 내놓았다. 자연스러운 이미지를 만들기 위해 몇 개월 동안 노력을 기울였고 많은 사람이 자연스러운 AI 광고에 놀라움을 금치 못했다. 2024년에는 현대자동차에서 캐릭터, 배경음악, 작사, 작곡까지 AI로 제작한 광고를 내놓았다. 광고 한 편을 만드는 비용으로 세 편을 만들며 비용을 줄였을 뿐만 아니라 탄탄한 스토리텔링으로 주목을 받기도 했다. 창의성이 요구되는 대표적인 업무인 광고에서도 AI의 활용이 시작되고 있다.

보통 조직에서는 신입 때 창의성이 가장 높고, 직무 경험을 하면 할수록 창의성이 떨어지는 현상이 일어난다. 그러다가 조직의 리더가 되어 권한을 가지면 창의성이 다시 발현된다. 즉, 직무 숙련도가 올라간다고 해서 창의성은 저절로 증가하는 것은 아니다. 직급이 낮을수록 수리, 공학 분야 및 언어, 논리 분야에 창의성이 높고, 부장 및 임원의 경우에는 예술, 창작 분야와 관련해 상당히 높은 창의성을 보인다. 그렇기에 직급별로 다양한 피드백이 병행되어야 학습을 통한 창의성을 함양할 수 있다.

지금까지 DX 시대의 인재 호모 파덴스의 핵심 역량 일곱 가지를 알아보았다. AI 기술이 발달해도 인간의 역할은 중요하고, 도리어 인간의 역할을 더욱 확장시켜야 단단하게 성장할 수 있다. 오히려 학습 민첩성부터 직업 윤리와 창의성에 이르기까지 인간 고유의 역량을 갖춰야 한다는 것을 언제나 염두에 두도록 하자.

채용은 가장 강력한 브랜딩이다

바뀌는 인재상에 따라 관리 전략도 바뀌어야 한다

지금까지 인재와 역량에 대해서 알아보았다면, 이제 회사에서 필요한 인적 관리에 대해서 알아보자. 예전에는 전략경영Strategic Management과 전략마케팅Strategic Marketing이라는 이름으로 경영과 마케팅에 중점을 두었지만 지금은 전략적 인적자원관리Strategic Human Resource Management: SHRM와 전략적 인적자원개발Strategic Human Resource Development: SHRD이 하나의 트렌드를 만들고 있다.

우리나라가 개발에 집중하던 1970년대에서 1990년대까지는 그저 많은 노동력을 확보해서 생산하는 데 바빴다. 하지만 지금은 인적자원이 경쟁 우위의 원천이며 기업의 전략적 자산인 시대다. 단순히 많은 사람을 채용한다고 해서 회사의 업무 능력이 향상되지는 않는다. 인적자원관리와 인적자원개발의 범위는 보다 더 폭넓게 다양해지고 다면적 분석과 평가가 요구된다. 그렇기에 회사에서도 우수한 인적자원을 보유하는 것도 중요하지만 인재의 역량, 행동, 동기, 몰입 능력 등을 전방위적으로 관리하고 개발해 직원을 지원해야 한다.

전략적 인적자원관리의 프로세스는 단순하지 않다. 우선 직무 분석과 설계를 거쳐야 하며, HR 기획과 채용, 선발을 거쳐 훈련과 개발, 보상과 성과 관리, 노사관계까지 연결되어야 기업의 성과로 이어진다. 직원도 지치지 않고 자신과 회사를 위해 올바른 방향으로 프로세스를 잘 따라가야 하지만 리더 또한 필요한 역량을 갖추었을 때 전략적 인적자원개발을 성공적으로 수행할 수 있다.

채용도 브랜딩이다

그렇다면 직무 분석과 설계부터 알아보자. 직무 분석 Job Analysis은 직무를 수행하는 데 필요한 지식, 능력, 기술을 체계적인 절차를 통한 결과물로 진행시키는 일련의 프로세스를 말한다. 이는 직무 기술서와 직무 명세서로 확인할 수 있다. HR 기획은 필요한 자원과 이용 가능한 자원을 비교하는 작업으로 이용할 수 있는 인적자원과 필요한 인적자원을 예측하는 능력이 필요하다. 채용과 선발이란 조직 업무를 수행하기 위해 잠재력을 가진 다양한 인재를 모집하는 과정으로, 모집을 위한 공고부터 조직 유입까지의 전 과정을 포함한다. 그 과정을 거쳐 역량을 갖춘 인재를 선별하는데, 보통 이력서 검토, 선발 시험, 후보자 면접, 인사 정보 확인, 최종 선발의 다섯 단계를 거친다.

채용이야말로 가장 강력한 브랜딩이다. 채용 설명회를 통해 직무를 설명하던 이전과는 달리, 최근에는 조직의 경영철학, 시스템 등을 언급하며 자신들이 일하는 일터를 소개하고 성장과 조직문화를 어필한다.

그중 대표적인 곳이 우아한 형제들이다. 그들이 제시한 '송파구에서 일 잘하는 11가지 방법' 중에는 "잡담이 경쟁력이다"라는 문구가 있다. 회사에는 사람들이 모여서 이야기를 나눌 수 있는 공간이 가운데에 자리 잡고 있다. 혼자 집중할 수 있는 독서실 같은 공간이나 두 명이 소규모로 사용할 수 있는 공간도 있다. 직원들이 어떻게 작업을 하고 있는지 공유하거나 피드백을 나누는 작은 공간을 준비해 놓은 것이다.

이처럼 원활한 협업 문화를 만들기 위해 회사 차원에서 노력하고 있다. 우아한 형제들은 자율적이면서도 성장이 가능한 조직문화를 부각해 우수한 인재들에게 '좋은 회사'라는 인식을 심어주었다. 지금도 인기가 많은데 굳이 저런 걸 할 필요가 있을까 생각할 수도 있지만 우수하고 뜻있는 지원자들이 많아져야 더욱 우수한 인재를 선발할 수 있고, 그만큼 조직도 성장할 수 있다.

조직에 필요한 인재는 개발할 수 있다

이제 사람을 선발했으면 훈련과 개발의 단계로 나아가야 한다. 직무에 요구되는 지식, 기술, 태도를 학습할 수 있도록 제공하는 단기적인 활동을 훈련으로 정의하고, 장기적인 활동을 개발이라고 정의한다. 보통 훈련은 강사에게 정보를 얻거나, 회사 내 프로그램에 참여하거나, 그룹 활동 등을 통해 이루어지고, 개발은 강의, 워크북, 웹사이트 등을 통한 시뮬레이션, 역할극 등 다양한 방법으로 이루어진다. 이제는 훈련과 개발도 회사에서 일괄적으로 알려주는 게 아니라 개인 맞춤의 시대가 되었다. 몇 시간 동안 자리에 앉아서 일방적으로 강의를 듣지 않고 짧은 단위의 콘텐츠를 언제 어디서나 접속해서 학습하는 형태로, 꼭 필요한 내용만, 훈련자가 원하는 시간과 장소에서, 필요한 문제를 해결하기 위한 솔루션에 집중하며 훈련과 개발이 이루어지고 있다.

조직에서 공들여 훈련시킨 인재가 오랫동안 회사에 열정을 가지고 일하기 위해서는 능력에 따른 보상 또한 중요하다. 적절한 보상은 조직 구성원을 업무에 몰입하게 하고 동기를 부여한다. 하지만 모든 구성원이 똑같은 보상을 원하지는 않는다. 어떤 구성원은 인센티브나 성과급을 원하고, 어떤 구성원은 표준시간급제 등을 원하기에 구성원별로 적합한 보상을 제공해야 한다.

기업의 보상과 관련해 자주 언급되는 기업은 토스다. 토스 창업자이자 비바리퍼블리카의 이승건 대표는 "최고 수준의 인재를 영입해 탁월한 성과를 이끌어내려면 당연히 업계 최고 대우가 필요하다"라고 말하며 보상의 중요성을 언급했다. 토스는 주 40시간 초과 근무 시 연봉 외 별도 수당을 지급하고 총 근무시간은 주 52시간이 넘지 않도록 하며 회사 전체 성과에 따라 직급에 상관없이 전 직원에게 동일한 성과급을 지급한다. 또한 밥값, 야근 교통비, 도서 구입비 등을 전액 지원하고 선택적 근로시간제를 도입해 휴가와 재택근무부터 출퇴근 시간까지 구성원의 자율에 맡긴다.

토스에 입사한다고 하면 농담을 섞어 "토양어선을 탄다"라고 말할 정도로 토스는 업무 강도가 센 걸로 유명하다. 매일 자정이 넘는 시간까지 근무하고 주말에도 근무하는 경우가 많다고 한다. 그래서 주 4.5일제를 도입해 금요일은 점심시간까지만 근무하고 퇴근한다. 회사에서도 업무 강도를 조절하고자 관리하며 직원들이 만족할 만한 보상을 줄 수 있도록 노력하기에 최근 1년간 신규 입사자의 근속률이 90퍼센트에 달했다.

토스의 복지는 대부분 팀원들의 의견이 반영된 결과다. 토스에서는 일주일에 한 번씩 '콜라보 런치'를 진행해 임의의 사람들이 모여 식사를 한다. 모르는 사람끼리 점심을 먹으니 어색하지 않도록 특정 주제를 주는데, 분야는 다양하다. 그중 하나가 "회사에 어떤 복리후생이 있으면 좋을까?"였다. 이런 자리를 통해 집을 구하기 너무 어려우니까 회사에서 지원해 주면 좋겠다는 의견이 나와 무이자 1억 대출 복지가 생겼고, 사내에 카페가 있으면 좋겠다는 의견으로 사내 카페가 생겼다. 이어서 편의점, 미용실 등 일에 몰두하는 상황에 방해가 되는 요소가 있으면 회사에서 해결해 주는 방식으로 복지가 생겨났다. 사소한 것이라도 과감하게 복리후생으로 만들어서 구성원들이 업무에 집중할 수 있게 만든 것이다.

토스에는 차등 보상이 없다. 모든 팀원에게 동일한 보상이 제공된다. 인센티브는 6개월마다 한 번씩. 목표를 달성하면 10퍼센트, 초과 달성하면 20퍼센트, 크게 달성하면 100퍼센트를 준다. 만약 목표를 달성하지 못해도 모두 5퍼센트를 받는다. 외부 환경에 영향을 받지 않기 때문에 구성원이 어떤 일을 하든 업무 자체에 집중할 수 있도록 시스템을 구축했다.

이처럼 보상이나 조직문화는 구성원의 역량 증가와 사기 진작에도 영향을 미치지만, 직원들 간의 관계 형성, 직원과 회사와의 관계 형성에도 영향을 미친다. 그래서 일반 기업에서도 노사관계를 잘 이끌어가기 위해서 애쓰고 있다. 우리나라 기업 중에서는 SK 이노베이션이 비교적 노사

합의가 잘 이루어지는 곳이다. SK 이노베이션은 2017년부터 6년 연속으로 30분 만에 임금 협상을 타결했고, 소비자물가지수 연동형 임금 인상률을 결정했다. 과거에는 합의에 이르기까지 3~4개월, 길게는 1년씩이나 걸렸던 것과는 무척 대비된다. 구성원이 자발적으로 기본급 1퍼센트를 행복나눔기금에 기부해 건전한 노사문화가 어떻게 사회에 좋은 영향을 미치는지 본보기를 보여주기도 했다. 하지만 이후 성과 지향적으로 분위기가 바뀌면서 토요 회의가 부활하는 등의 변화가 있었다고 한다.

만다라트 기법을 통한 인재 훈련

만다라트 기법Mandal-Art은 아이디어 창출을 위한 브레인 스토밍 기법으로, 머릿속의 아이디어나 생각을 거미줄 모양으로 퍼져가도록 끌어내는 생각의 도구다. 만다라트 기법은 일본 디자이너 이마이즈미 히로아키가 만다라에서 영감을 얻어 고안한 것으로, 목표를 이루기 위한 핵심과 그 핵심을 개선하기 위한 세부 항목을 작성하는 방법이다. 복잡해 보이지만 그다지 어렵지 않아 리더들의 전략회의 때도 쓰고, 구성원들의 역량 발전에도 사용하는 등 조직에서 다양하게 활용하고 있다.

우선 큰 도화지에 가로, 세로 9칸씩 모두 81칸의 사각형을 그린다. 만다라트 중앙에 이루고자 하는 목표를 적는다. 목표를 중심으로 주변 8칸에 주제와 관련한 아이디어를 적는다. 그다음 각각의 아이디어를 소주제로 잡고 이를 달성하기 위한 구체적인 실천 계획을 세운다. 만다라트의 장점은 목표를 달성하기 위한 구체적인 실천 계획을 64개까지 확장해 궁극적인 목표를 달성한다는 데 있다. 전문가들은 큰 목표를 이루기 위해서는 목표를 구체적으로 세분화하라고 하는데, 만다라트 기법은 이 조언을 가장 효과적으로 따를 수 있는 실질적인 실행 방법이다.

만다라트 기법을 사용해서 역량을 발전시킨 가장 유명한 사람은 메이저리그에서 뛰고 있는 일본의 야구선수 오타니 쇼헤이가 아닐까 싶다. 오타니 쇼헤이는 고등학교 1학년 때 일본 여덟 개 구단에서 드래프트 1순위가 되는 것을 목표로 만다라트를 만들었고, 자신이 갖춰야 하는 역량을 몸 만들기, 제구, 구위, 멘탈, 스피드, 인간성, 운, 변화구로 보았다. 그리고 여덟 가지 역량을 갖추기 위해서 필요한 실행 전략을 또 정했다. 예를 들어, 스피드를 160km/h

로 만들기 위해서는 체중을 늘리고 하체를 강화하고 몸 축을 돌려야 하고 피칭 횟수를 늘려야 하는 등이다. 이렇듯 목표를 정하고 목표를 이루기 위한 여덟 가지 역량을 정하고 나면 실천 전략이 자연스럽게 정해진다.

만다라트를 그리고 성취할 목표를 정하자고 제안하면 시작조차 하지 못하는 사람들이 있다. 그런 사람들의 가장 큰 문제는 성취 경험이 없다는 것이다. 그러니까 뭔가를 도전하기가 두렵다. 그래서 아주 낮은 허들을 정하고 작은 목표나 작은 꿈이라도 단기간에 하나씩 이루어내는 성취 경험이 필요하다. 실수해도 좋고 시행착오를 거쳐도 된다. 다시 일어날 수 있는 회복 탄력성만 있다면 얼마든지 실패를 겪어도 결국 본인이 원하는 걸 성취할 수 있다.

실패하고 성공하고 시행착오를 거치는 것 모두 하나의 과정이다. 실패했다고 인생이 끝난 것이 아니며 성공했다고 계속 성공만 이어질 수는 없다. 그렇기에 모든 과정을 즐길 수 있어야 한다. 시행착오를 경험하면 회복할 수 있어야 하고 성공을 경험하면서도 안전망을 만들어야 한다. 물론 여러 사람이 함께 일하는 일터에서 이런 과정은 혼자 만들어낼 수 없다. 특히 리더의 공감과 지원이 필요하다. DX

시대에는 공감과 지원의 방향성과 방식 또한 더욱 다양해졌기에 우리 조직에서 필요한 역량을 미리 파악하고 리더십을 발휘해야 한다.

Q 묻고

답하기 A

AI로 인해 일에서 소외되는 근로자가 점차 늘고 있다. 차근차근 실력을 쌓고 직급을 올리는 게 불가능의 영역처럼 여겨지는데, 구조적 문제에 실망하지 않고 추구해야 할 역량은 무엇이 있을까?

AI의 위협은 단지 현재만의 일은 아니다. 산업혁명 이후 다양한 기술이 근로자의 생산 능력을 위협해 왔다. 증기기관의 도입, 컨베이어 벨트의 발달, 컴퓨터의 발명 등 인간의 경쟁자는 꾸준히 존재해

왔다. 다만 AI의 등장으로 근로자를 노동으로부터 소외시키는 현상에 가속도가 붙었을 뿐이다.

앞으로는 AI로 인해 인재의 역량과 기업의 성과는 점차 극단으로 치달을 것이다. 빈익빈 부익부 현상이 지금보다 더 심화할 것이라고 예측한다. 이때 한 명의 개인으로서 무력감을 느끼기보다는 자신을 하나의 기업이라 여기며 AI를 활용한 성과 창출을 일상에서부터 추구해 보길 바란다.

작은 것부터 성공 사례를 하나씩 축적해 자가 동력 체제를 구축해 가는 일이야말로 업무를 오래 지켜내는 힘이며, 내 비즈니스의 기틀이자 초석이 될 것이다.

회사에 올인하지 않는 것이 현대인의 기조로 변하는 중이다. 하지만 오랜 시간을 보내야 하는 회사에 다니면서도 자아실현을 할 수 있을까?

대표나 사장은 싫어할 수 있지만, 회사에 올인하지 않겠다는 직원의 마음가짐이 개인 차원에서는 자아실현 가능성을 높일 수 있는 좋은 길이기도 하다. 회사에 다니면서도 자아실현 기회를 충족하고 싶은 직장인이라면, 최대한 직장에서 추구하는 목표와 비전이 개인이 추구하는 이상과 가치와 교집합을 이루는지 살펴보길 바란다. 여러 사례를 관찰한 결과, 경력을 잘 쌓아나가는 사람일수록 이 교집합을 최대치로 넓혀나가는 사람임을 깨달았다. 이 교집합을 가능한 한 끌어올려 자아실현의 길에 한 걸음 다가서고, 기업과 동반 성장하기를 바란다. 결국 회사의 발전이 경력에도 연봉에도 도움이 되기 때문이다.

나가는 글

사람을 남기는 리더가 모두의 미래 전략이 되기를

AI가 감정을 배우고, 데이터가 결정을 대신하는 시대다. 이 책에서 계속 이야기했듯 이는 거역할 수 없는 변화다. 하지만 사람의 마음은 여전히 사람의 목소리에 반응한다. 조직 구성원 한 사람의 말, 리더 한 사람의 태도, 하나의 조직이 가진 문화가 누군가의 인생을 바꾼다는 것을 한 번쯤은 경험해 보았을 것이다.

'신인류'는 그 사실을 본능적으로 안다. 그들은 숫자보다 서사를, 성과보다는 만족을, 보상보다 관계의 온도를 더 신뢰한다. 그들에게 일은 생존의 수단이 아니라 성장의 과정이며, 리더십은 권한이 아니라 관계의 언어다. 시대는 빠르게 변하지만 리더의 본질은 언제나 같다. AI가 업무의 많은 영역을 전담하며 인간의 일자리를 대신하고 있지만, 인간과 인간 사이를 이어주는 업무 현장의 언어까지는 학습할 수 없다. 따라서 우리가 진정 배워야 할 것은 기술이 아니라 감각이다. 사람의 마음을 이해하는 감각, 시대의 흐름을 읽는 통찰 그리고 스스로를 새롭게 갱신하는 용기다.

리더십은 팀원들의 앞에 서서 그들을 보호해 주거나 끌어주는 기술이 아니다. 업무 현장에서 원활하게 협업하는 방법을 찾고, 서로를 성장시키는 자연스러운 관계를 만드는 기술이다. 기계가 일의 효율을 높일 수는 있지만, 일의 방향을 제시할 수는 없다. 이는 여전히 사람의 몫이다. 이 책을 덮는 지금, 일터에 머무는 우리는 스스로에게 물어봐야만 한다. 과거의 방식에 머물며 세상과 세대를 탓하고 있는지, 아니면 미래를 바라보며 혁신의 리더로 진화하고 있는지.

사람을 남기는 리더가 조직의 미래이며, 변화무쌍한 AI 시대의 답이다. 그런 리더만이 무너지지 않고 조직과 사람을 지킬 것이다. 오늘도 일터에서 분투하는 직장인 모두가 건강한 리더로 성장해 나가기를 기원한다.

참고문헌

1. 통계청〈2024년 8월 고용동향〉
2. 대한상공회의소〈직장 내 세대 갈등과 기업문화 종합진단보고서〉, 2020
3. 한국고용정보원〈임금근로자의 1년 이상 고용 유지율 변화 분석〉, 2024
4. 〈한국일보〉, 어렵게 취업해도… 신입 사원 27%는 1년 내 회사 떠난다, 2020(https://www.hankookilbo.com/News/Read/202001061014083255)
5. 대학내일20대연구소, 2020세대별 워킹 트렌드, 2020(www.20slab.org/Archives/37654)
6. 〈월간 인재경영〉, HR 미션, 밀레니얼 세대 제대로 알기, 2020
7. 〈Journal of Leadership Studies〉, Malakyan, P.G., Followership in Leadership Studies: A Case of Leader – Follower Trade Approach, 2014
8. 플랜비디자인, MBTI를 이은 아주 간단한 팔로워 유형 검사, 2020 (https://blog.naver.com/truechange/222069951906)
9. William Howel, Empathic Communication, Level of competence, 1981
10. 백종화『요즘 팀장은 이렇게 일합니다』, 중앙북스, 2021
11. 〈시사뉴스&〉, 디즈니랜드 변신과 성공 비결은? 유인경, 2022
12. 〈트렌드DA〉, 디즈니의 고객 감동은 직원에서 출발한다, 백수진, 2020
13. 〈하버드 비즈니스 리뷰〉, The Value of Happiness, 2012

14. 광주시 감사위원회, 〈세대 간 갑질 인식 분석을 위한 심층 인터뷰 결과 보고〉, 2023

15. 〈이데일리〉, "빨리 그만두는 게 답" 퇴직하는 저연차 공무원 급증, 최정훈, 2023(https://www.edaily.co.kr/news/read?newsId=01193926635740776&mediaCodeNo=257)

16. 행정안전부 〈90년생 공무원이 왔다〉, 2022

17. EBS 〈귀 막은 대표와 입 닫은 직원〉

18. 이경우, 김경희 『커뮤니케이션과 대인관계』, 역락, 2007

19. 켄 블랜차드, 신시아 옴스테드, 마사 로렌스, 『신뢰가 답이다』, 더숲, 2013

20. 나기현, 코칭리더십과 직무성과 간의 영향관계: 심리적 임파워먼트의 매개효과, 전문경영인연구, 2020

21. 한국고용정보원, 〈임금 근로자의 1년 이상 고용 유지율 변화 분석〉, 2024

22. 임홍택, 『90년생이 온다』, 도서출판11%, 2024

23. 〈전자신문〉, 쿠팡에 놀란 e커머스, IT 개발 인재 모시기 '사활', 박준호, 2021 (https://www.etnews.com/20210216000199)

24. 〈한국금융〉, "청년이 미래다" 쿠팡 만나고 날개 단 청년들, 박슬기, 2023 (https://www.fntimes.com/html/view.php?ud=202310171614552110b5b890e35c_18)

25. 〈매일경제〉, 쿠팡 신기록 행진, 1900만 고객 태우고 흑자로켓 쐈다, 김규석, 2023(https://www.mk.co.kr/news/business/10733031)

26. Arets, J., Jennings, C., & Heijnen, V., 이찬, 조광남, 전동원 역, HRD 혁신을 위한 뉴 패러다임 702010 프레임워크, 두하우컨설팅, 2016

27. Final Evaluation of the Workplace Learning Project(Rep.), London: York Consulting, 2016

28. 권정은, 〈미래 사회의 신학습모델, 소셜 러닝의 부상〉, 한국정보화진흥원, 2011

29. 김진영, 김형택, 이승준, 『디지털 트랜스포메이션 어떻게 할 것인가』, E비즈북스, 2017

30. SBS 〈신년특집 세기의 대결! AI vs 인간〉, 2021

31. 이무근, 이찬, 『한국의 직업교육훈련정책』, 박영스토리, 2021

32. 〈한국경제〉, 〔이찬의 호모 파덴스〕 인공지능 시대에 필요한 7가지 핵심 역량, 이찬, 2023

33. 유발 하라리, 『사피엔스』, 김영사, 2023

34. Albert Mehrabian, 『Silent Messages』, Wadsworth, 1971

35. 배달의 민족, 우아한 형제들 본격 오피스 투어, 어디서 일해요?, 2022 (https://www.youtube.com/watch?v=8yqtBwOG-Zs)

36. 〈동아일보〉, SK 이노베이션 노사, 2022년 임금 협상 '신속' 타결, 김민범, 2022(https://www.donga.com/news/article/all/20220124/111413281/1)

37. 〈매일경제〉, 9급 월급 200만원대 인상… 그러나 공무원 이직 의향 나날이 증가, 지유진, 2025(https://www.mk.co.kr/news/business/11262207

38. 〈뉴스핌〉, 대전 서구, 내년 생활임금 1만2050원 결정, 오종원, 2025(https://www.newspim.com/news/view/20251027000518)

39. 〈뉴스클레임〉, '월급이 현실을 못 따라간다'… 청년 공무원들의 절박한 외침, 박명규, 2025(https://www.newsclaim.co.kr/news/articleView.html?idxno=3047616)

KI신서 13923

일터를 뒤흔드는 신인류의 등장

1판 1쇄 인쇄 2025년 11월 10일
1판 1쇄 발행 2025년 11월 20일

지은이 이찬
펴낸이 김영곤
펴낸곳 ㈜북이십일 21세기북스

서가명강팀장 김민혜 **서가명강팀** 강효원 이정미 최현지
디자인 THIS-COVER
영업팀 정지은 남정한 장철용 강경남 황성진 김도연 이민재
제작팀 이영민 권경민

출판등록 2000년 5월 6일 제406-2003-061호
주소 (10881)경기도 파주시 회동길 201(문발동)
대표전화 031-955-2100 **팩스** 031-955-2151 **이메일** book21@book21.co.kr

㈜북이십일 경계를 허무는 콘텐츠 리더

21세기북스 채널에서 도서 정보와 다양한 영상자료, 이벤트를 만나세요!
페이스북 facebook.com/jiinpill21 포스트 post.naver.com/21c_editors
인스타그램 instagram.com/jiinpill21 홈페이지 www.book21.com
유튜브 youtube.com/book21pub

서울대 가지 않아도 들을 수 있는 명강의! 〈서가명강〉
유튜브, 네이버, 팟캐스트에서 '서가명강'을 검색해보세요!

ⓒ 이찬, 2025

ISBN 979-11-7357-623-2 (04300)
  978-89-509-7942-3 (세트)

책값은 뒤표지에 있습니다.
이 책 내용의 일부 또는 전부를 재사용하려면 반드시 ㈜북이십일의 동의를 얻어야 합니다.
잘못 만들어진 책은 구입하신 서점에서 교환해드립니다.

'서가명강' 시리즈가 궁금하다면 큐알(QR) 코드를 스캔하세요.

서가명강 서울대 가지 않아도 들을 수 있는 명강의

'서가명강'은 대한민국 최고 명문 대학인 서울대학교 교수님들의 강의를 엮은 도서 브랜드로,
다양한 분야의 기초 학문과 젊고 혁신적인 주제의 인문학 콘텐츠를 담아 시리즈로 발간하고 있습니다.

01 나는 매주 시체를 보러 간다 유성호 | 의과대학 법의학교실 교수
02 크로스 사이언스 홍성욱 | 생명과학부 교수
03 이토록 아름다운 수학이라면 최영기 | 수학교육과 교수
04 다시 태어난다면, 한국에서 살겠습니까 이재열 | 사회학과 교수
05 왜 칸트인가 김상환 | 철학과 교수
06 세상을 읽는 새로운 언어, 빅데이터 조성준 | 산업공학과 교수
07 어둠을 뚫고 시가 내게로 왔다 김현균 | 서어서문학과 교수
08 한국 정치의 결정적 순간들 강원택 | 정치외교학부 교수
09 우리는 모두 별에서 왔다 윤성철 | 물리천문학부 교수
10 우리에게는 헌법이 있다 이효원 | 법학전문대학원 교수
11 위기의 지구, 물러설 곳 없는 인간 남성현 | 지구환경과학부 교수
12 삼국시대, 진실과 반전의 역사 권오영 | 국사학과 교수
13 불온한 것들의 미학 이해완 | 미학과 교수
14 메이지유신을 설계한 최후의 사무라이들 박훈 | 동양사학과 교수
15 이토록 매혹적인 고전이라면 홍진호 | 독어독문학과 교수
16 1780년, 열하로 간 정조의 사신들 구범진 | 동양사학과 교수
17 건축, 모두의 미래를 짓다 김광현 | 건축학과 명예교수
18 사는 게 고통일 때, 쇼펜하우어 박찬국 | 철학과 교수
19 음악이 입춤 순간 진짜 음악이 시작된다 오희숙 | 작곡과(이론전공) 교수
20 그들은 로마를 만들었고, 로마는 역사가 되었다 김덕수 | 역사교육과 교수
21 뇌를 읽다, 마음을 읽다 권준수 | 정신건강의학과 교수
22 AI는 차별을 인간에게서 배운다 고학수 | 법학전문대학원 교수
23 기업은 누구의 것인가 이관휘 | 경영대학 교수
24 참을 수 없이 불안할 때, 에리히 프롬 박찬국 | 철학과 교수
25 기억하는 뇌, 망각하는 뇌 이인아 | 뇌인지과학과 교수
26 지속 불가능 대한민국 박상인 | 행정대학원 교수
27 SF, 시대정신이 되다 이동신 | 영어영문학과 교수
28 우리는 왜 타인의 욕망을 욕망하는가 이현정 | 인류학과 교수
29 마지막 생존 코드, 디지털 트랜스포메이션 유병준 | 경영대학 교수
30 저, 감정적인 사람입니다 신종호 | 교육학과 교수
31 우리는 여전히 공룡시대에 산다 이융남 | 지구환경과학부 교수
32 내 삶에 예술을 들일 때, 니체 박찬국 | 철학과 교수
33 동물이 만드는 지구 절반의 세계 장구 | 수의학과 교수
34 6번째 대멸종 시그널, 식량 전쟁 남재철 | 농업생명과학대학 특임교수
35 매우 작은 세계에서 발견한 뜻밖의 생물학 이준호 | 생명과학부 교수
36 지배의 법칙 이재민 | 법학전문대학원 교수
37 우리는 지구에 홀로 존재하지 않는다 천명선 | 수의학과 교수
38 왜 늙을까, 왜 병들까, 왜 죽을까 이현숙 | 생명과학부 교수
39 인간의 시대에 오신 것을 애도합니다 박정재 | 지리학과 교수
40 수학이 내 인생에 말을 걸어다 최영기 | 수학교육과 교수
41 벼랑 끝 민주주의를 경험한 나라 강원택 | 정치외교학부 교수
42 천문학이라는 위로 황호성 | 물리천문학부 교수

*서가명강 시리즈는 계속 출간됩니다.